HIP HOP ENGLISH MASTER

ヒップホップ・イングリッシュ・マスター

ラップで上達する英語音読レッスン

MEISO 著

Gakken

Introduction

「韻」と「言語学習」

僕は勉強が嫌いな子どもでした。興味のあることしかできなかったし、今もそれは根本的には変わっていません。でも、興味を持てばスイッチが入る。スイッチが入ればとことんやる。皆さんもそうではないですか？　僕にとって、そのスイッチを入れてくれるものが「ヒップホップ」でした。

中学生の時に、友人たちとキャンプに行ってはラップの話に花を咲かせていました。キャンプファイアを囲んでWu-Tang Clanの曲“Method Man”をみんなで耳コピでラップしました。これはどういう意味なんだろう？と、解釈を語り合う中で、やがてその曲には、Dr. Seussという絵本作家の“Green Eggs and Ham”という超有名な絵本からまるまる引用したフレーズがあることに気づきます。それは見事にラップとして聞こえる、ライム（韻）が満載の一節でした。

実はアメリカでは幼稚園から英語（国語）学習の一環でライムに触れます。「ライムから英語を学ぶ」と言ってもいいかもしれません。反復して行末で踏まれる「脚韻」の語呂の良さ、口ずさみやすさから、子どもたちは日本でいう「絵描き歌」のような感覚でどんどん言葉の学習に引き込まれていくのです。これぞエデュテインメント（Education+Entertainment=Edutainment）。

幸運なことにライムによる学習の恩恵を受けられるのは子どもに限った話ではありません。第二言語を学ぶ学生〜大人たちにとっても間違いなく有効な手段であるはずですが、この「言語学習ツール」が日本ではあまり知られていない、または実践されていない、というのは実にもったいないことです。僕は、アメリカの子どもたちが母語習得の過程でライムに触れているという事実と、僕自身がヒップホップに夢中になった体験とをミックスして、日本の英語学習者のみなさんに「ラップを使った英語学習」を提案したいと思い、本書を執筆しました。

ラップは最強の英語学習ツール!

ラップによる英語学習の利点は大きく次の4つあると思っています。①「生きた」英語の発音、スピード感に触れられること、②ライムやリズムの反復により、暗記法として効果絶大であること、③フォーマルな英語もくだけた英語（スラングなど）も両方学べること、④ヒップホップやラップという文化自体が社会的に抑圧された人々の「声」から生まれたものであることから、必然的に社会問題や「いま」（または当時）のカルチャー、さまざまな（人種、性別などの）視点を学べる、つまり「世界」を学べるということ。

この4つをまず挙げたうえで、個人的に結局一番大きいと思うのは、ラップが「言語のパズル×リズムゲーム」のようで単純に「楽しい」ということです。ヒップホップのビートに乗って英語を口ずさんでみることで、「楽しさ」がどんどんドライブして、時間も忘れてハマる。時には「難しい！」と感じることもあるでしょう。でもそんなときでさえ、チャレンジ精神がかきたてられ、何度もトライしたくなる。結果、英語がどんどん上手くなる。ラップは「最高に楽しい、最強の英語学習ツール」である、と僕は信じています。

本書では、英会話で頻出するフレーズを含むリリックと、それをラップするための最高のビートを提供します。日本が世界に誇るビートメイカーたちのビートを感じて、首を揺らしながら英語をSPITする（吐き出す、ラップする）楽しさを感じてください。

ラップやヒップホップが皆さんの英語学習の「スイッチ」を入れてくれることを願ってやみません。

MEISO

CONTENTS

Chapter 2
会話で使える基本動詞25をラップする!

Chapter 3
自分を英語で表現するためのラップ講義

本書の使い方

本書の基本的な学習方法

STEP 1
該当の
音声トラックを
流す

STEP 2
MEISOの
ラップが流れる

STEP 3
その後に、
自分でまねして
ラップしてみる!
(リピート)

上記の3つのステップを繰り返すことで、英語の発音、リズム、運用力を身につけていきます。音声には、「リピートガイドあり」と「リピートガイドなし」の2種類があります。「ガイドあり」のトラックには、リピートする際のお手本となる音声が入っています。それに重ねるようにラップをしてみましょう。「ガイドなし」は、リピート部分に音声が入っていないので、自分だけでラップしてみましょう。

リピートガイドありの例

♪We have to pull back from America,
→♪（小さい音で）We have to pull back from America,
のように、リピートするためのガイド音声が入っています。重ねるようにリピートしてください。

リピートガイドなしの例

♪We have to pull back from America,
→♪音声なし
のように、カラオケ状態になっているので、その部分でリピートしてください。

Chapter 1

英語の発音や韻についての解説を読み進めながら、発音練習ラップをしていきます。

❶ 二次元コード

スマホで読み取ると、練習ラップ音源を再生することができます。音源には「リピートガイドあり」と、「リピートガイドなし」の2つのバージョンがあります。Chapter2, 3も同様です。→詳しくはp.011参照

❷ トラック番号

音声再生アプリ「my-oto-mo」や、DLしたmp3ファイルで練習ラップ音源を再生する場合は、このトラック番号を参照してください。Chapter2, 3も同様です。
→詳しくはp.011参照

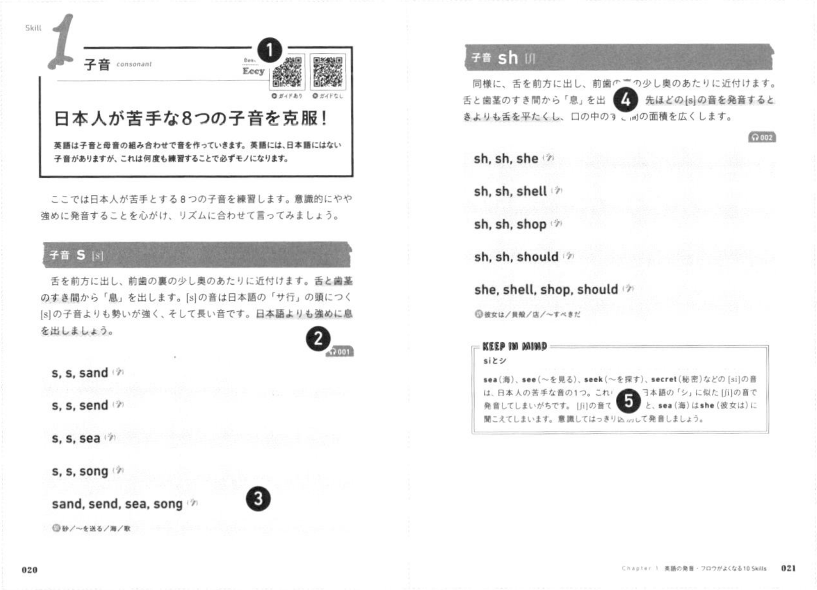
Skill 1 子音 consonant
❶
ガイドあり ガイドなし
日本人が苦手な8つの子音を克服！
英語は子音と母音の組み合わせで音を作っていきます。英語には、日本語にはない子音がありますが、これは何度も練習することで必ずモノになります。
ここでは日本人が苦手とする8つの子音を練習します。意識的にやや強めに発音することを心がけ、リズムに合わせて言ってみましょう。
子音 S [s]
舌を前方に出し、前歯の裏の少し奥のあたりに近付けます。舌と歯茎のすき間から「息」を出します。[s]の音は日本語の「サ行」の頭につく[s]の子音よりも勢いが強く、そして長い音です。日本語よりも強めに息を出しましょう。
❷ 001
s, s, sand
s, s, send
s, s, sea
s, s, song
sand, send, sea, song ❸
砂／～を送る／海／歌
020
子音 sh [ʃ]
同様に、舌を前方に出し、前歯の裏の少し奥のあたりに近付けます。舌と歯茎のすき間から「息」を出 ❹ 先ほどの[s]の音を発音するときよりも舌を平たくし、口の中のすき間の面積を広くします。
002
sh, sh, she
sh, sh, shell
sh, sh, shop
sh, sh, should
she, shell, shop, should
彼女は／貝殻／店／～すべきだ
KEEP IN MIND
siとシ
sea(海)、see(～を見る)、seek(～を探す)、secret(秘密)などの[si]の音は、日本人の苦手な音の1つ。これ ❺ 日本語の「シ」に似た[ʃi]の音で発音してしまいがちです。[ʃi]の音で と、sea(海)はshe(彼女は)に聞こえてしまいます。意識してはっきり区別して発音しましょう。
Chapter 1 英語の発音・フロウがよくなる10 Skills 021

❸ 練習ラップ歌詞

練習ラップの歌詞です。これを目で追いながら、音に合わせてラップしましょう。

❹ 解説

英語の発音や韻についての解説です。読んで理解しましょう。

❺ KEEP IN MIND

発音やラップについてのコラムです。

Chapter 2

英語の中でも特に使用頻度の高い「25の基本動詞」を使った例文をラップして英語の発音、リズム、運用力を身につけていきます。

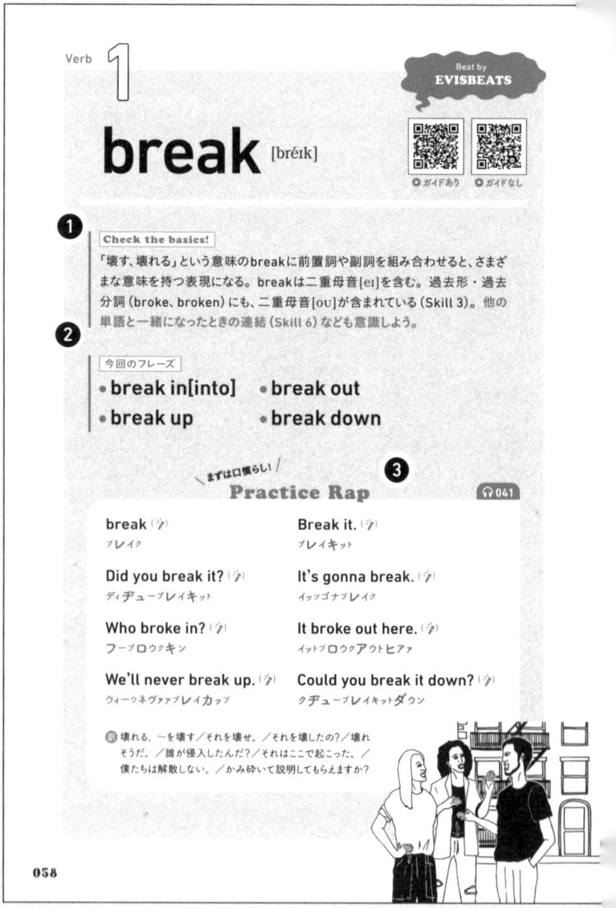

Verb 1

Beat by EVISBEATS

break [bréɪk]

ガイドあり　ガイドなし

❶

Check the basics!

「壊す、壊れる」という意味のbreakに前置詞や副詞を組み合わせると、さまざまな意味を持つ表現になる。breakは二重母音[eɪ]を含む。過去形・過去分詞（broke、broken）にも、二重母音[oʊ]が含まれている（Skill 3）。他の単語と一緒になったときの連結（Skill 6）なども意識しよう。

❷

今回のフレーズ

- break in[into]
- break out
- break up
- break down

＼まずは口慣らし／ ❸

Practice Rap　041

break ブレイク	Break it. ブレイキット
Did you break it? ディデューブレイキット	It's gonna break. イッツゴナブレイク
Who broke in? フーブロウクキン	It broke out here. イットブロウクアウトヒアァ
We'll never break up. ウィーウネヴァァブレイカップ	Could you break it down? クデューブレイキットダウン

訳 壊れる、～を壊す／それを壊せ。／それを壊したの？／壊れそうだ。／誰が侵入したんだ？／それはここで起こった。／僕たちは解散しない。／かみ砕いて説明してもらえますか？

058

❶ Check the basics!

今回学ぶ基本動詞の使い方や発音についての基本的な解説です。

❷ 今回のフレーズ

今回学ぶ基本動詞を使った句動詞（動詞とほかの品詞の組み合わせ）や表現です。1つの動詞につき4つのフレーズを学びます。

❸ Practice Rap

口慣らしとして、対象となる基本動詞の最も簡単な使い方をラップします。後半4つにこれから学ぶ句動詞や表現が登場します。

❹ 基本動詞ラップの歌詞

基本動詞を使ったラップの歌詞です。1曲は4つの例文でできていて、そのすべてに対象となる句動詞や表現が入っています。例文の下には発音のサポートのためにカタカナで読み方を示してあります。あくまでも参考程度にしてください。→詳しくはp.010
それぞれの訳や解説も参考にしてください。

5 ラップ難易度

ラップの難易度をマイクの本数で表しています。1本＝EASY　2本＝NORMAL　3本＝HARDです。頭からすべてに取り組むのではなく、まずは簡単なものから進めていくのもおすすめです。

5　EASY　042

break in[into]　(～に)侵入する、(～に)割り込む

4 How do you break into a conversation?
ハウドゥユーブレイキントゥアカンヴァセイション

It's like breaking into a house.
イッツライクブレイキンニントゥア ハウス

You find a window and break in.
ユーファインダウィンドウエァンドブレイキン

Now let's practice breaking in.
ナウレッツプレアクティスブレイキンニン

訳 どのように会話に割り込むのでしょうか?／やり方は家に侵入するのと似ています。／窓を見つけて、そこから入ります。／では割り込む練習をしてみましょう。

解説
英語でThere's a window in our conversation.と言うと、「会話に隙間がある」という意味になる。ここでは「家の窓から侵入するように」「会話の隙間」に入ろう、と言っている。／4ライン目、practice breaking inの下線部を一気に言おう。

EASY　043

break out　勃発する、出火する、脱走する、発生する

If the prisoners break out,
イフザプリズナァズブレイカウト

a riot could break out.
アライアット クドブレイカウト

Then a fire could break out.
ゼナ ファーイアァ クドブレイカウト

It's like an epidemic breaking out.
イッツライクアンネピデーミックブレイキンナウト

訳 囚人が脱獄したら／暴動が発生するかも。／そしたら火事になるかもしれない。／疫病が流行るようなものだ。

解説
break outは「破れて(壊れて)外に出る」イメージ。脱走や、疫病の発生などに使われる。epidemicは「伝染病の流行」。／4ライン目のbreaking outは「ブレイキンナウト」のようになる。

Chapter 2　会話で使える基本動詞25をラップする!　059

AND THEN...

6

Wrap-up Rap!

まとめのRap

Listen! Repeat! Try!
046　047　048

Because the speakers were breaking down,

the dancers broke into the lounge.

Then a fight broke out between the dance teams,

so we broke up the fight with an ill beat.

訳 スピーカーが壊れ始めてたから、／ダンサーたちがラウンジに乗り込んできた。／そしてダンスチームの間でけんかが勃発した。／だからヤバいビートをかけて仲裁したよ。

解説
かつてヒップホップは、敵対するグループ同士の抗争をラップやダンスで競うことで解決するという手段・思想でもあった。／break up the fightは「戦いを止める・仲裁する」。／an ill beatは「ヤバいビート」。ヒップホップでは、ill(病んだ)やdope(麻薬)といった悪い意味が、いい意味に反転することがよくある。／3ライン目between the dance teamsを一気に言おう。

Check it out!
カッコいい曲を流して場の空気を変えることができるのがDJ。ダンサーならそんなとき、けんかのエネルギーをダンスにぶつけたくなるはず。

Chapter 2　会話で使える基本動詞25をラップする!　061

6 Wrap-up Rap! ～まとめのRap～

基本動詞の句動詞・表現4つをフルに使ったまとめのラップです。下線は韻を表します。ラップそのものの難易度も高いので、下記の3つのステップを何度もトライしましょう!

① Listen! ...... まずはMEISOがラップする4小節を聞きましょう。
② Repeat! ..... MEISOの後に続いて自分もラップしてみましょう。
③ Try!............ お手本なしで4小節を1人でラップしてみましょう。これができたらラップ&英語上級者!

Chapter 3

Chapter 1と2で学んだことを総動員して、16小節の英語ラップにチャレンジしましょう。練習方法はChapter 2と同じです。4ブロックごとにリピート練習して、仕上げにすべてを通してラップしてみましょう。

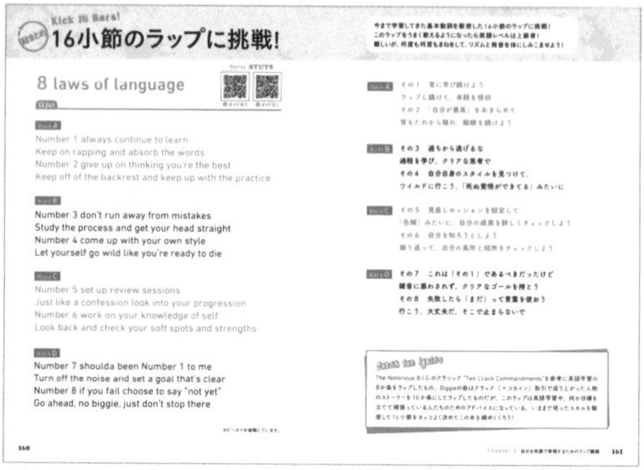
Kick 16 Bars!
16小節のラップに挑戦!
今まで学習してきた基本動詞を駆使した16小節のラップに挑戦!
このラップをうまく歌えるようになったら英語レベルは上級者!
難しいが、何度も何度もまねをして、リズムと発音を体にしみこませよう!

8 laws of language

Number 1 always continue to learn
Keep on rapping and absorb the words
Number 2 give up on thinking you're the best
Keep off of the backrest and keep up with the practice

Number 3 don't run away from mistakes
Study the process and get your head straight
Number 4 come up with your own style
Let yourself go wild like you're ready to die

Number 5 set up review sessions
Just like a confession look into your progression
Number 6 work on your knowledge of self
Look back and check your soft spots and strengths

Number 7 shoulda been Number 1 to me
Turn off the noise and set a goal that's clear
Number 8 if you fail choose to say "not yet"
Go ahead, no biggie, just don't stop there

その1　常に学び続けよう
ラップし続けて、単語を吸収
その2　「自分が最高」をあきらめて
背もたれから離れ、鍛錬を続けよう

その3　過ちから逃げるな
過程を学び、クリアな思考で
その4　自分自身のスタイルを見つけて、
ワイルドに行こう、「死ぬ覚悟ができてる」みたいに

その5　見直しセッションを設定して
「告解」みたいに、自分の成果を詳しくチェックしよう
その6　自分を知ろうとしよう
振り返って、自分の長所と短所をチェックしよう

その7　これは「その1」であるべきだったけど
雑音に惑わされず、クリアなゴールを持とう
その8　失敗したら「まだ」って言葉を使おう
行こう、大丈夫だ、そこで止まらないで

160　161

本書の「カタカナ」での発音表記について

本書のラップにはカタカナで発音が表記されています。これは、MEISOのラップの「フロウ」（声の抑揚や、歌詞を発するスピードや長さ）を総合して、独自にカタカナ化したものです。英語の歌詞を見るだけではうまくラップできないという人は、こちらもあわせて参考にしてください。

We have to pull back from America,
ウィー ヘァフトゥプゥベァック フラムアメリカ

カタカナのサイズは大中小あり、大きい文字はMEISOがラップ上特に強調しているように聞こえる箇所です。基本的には単語のアクセント（ストレス）の位置がそれに相当しますが、場合によっては、ラップとしてより「カッコよく」響かせるために本来の位置とは異なっている場合もあります。中ぐらいの文字は主に16ビート（p.015参照）的なリズムでラップされている言葉を表しています。このサイズで表す言葉にも、単語それぞれにアクセント（ストレス）はあるので、よく聞いてまねしましょう。また、小さい文字は、「子音」を表現したものです。上記の例でいうとfromには「フラム」というカタカナがあてられていますが、これを「フラム」と読むのではなく、「フ」は子音f、「ム」は子音mを発音するようにしてください。これらのカタカナはあくまでも「参考」です。自分の発する「音」が「英語」であることを意識して、最終的には英語の歌詞を見ながらラップできるようになりましょう。

本書の音声について

本書で提供する音声の再生方法は3通りあります。ご自身のスタイルに合った方法でご利用ください。

1. 二次元コードを読み取ってスマホで聞く

スマホのカメラなどで二次元コードを読み取って、該当する箇所の練習をします。「リピートガイドあり」と「リピートガイドなし」のコードがあります。ご自分のレベルに合わせて、使用するトラックを選んでください。

2. スマホ音声アプリ「my-oto-mo（マイオトモ）」で聞く

音声再生アプリ「my-oto-mo」を使用して再生できます。下記からスマホにダウンロードしてご利用ください。「リピートガイドあり」、「リピートガイドなし」の音声を選ぶことができます。

※アプリの利用は無料ですが、通信料はお客様のご負担になります。
※お客様のネット環境および端末の設定等により、音声を再生できない場合、当社は責任を負いかねます。

https://gakken-ep.jp/extra/myotomo/

3. PCなどにmp3をダウンロードして聞く

上記のURLから、mp3音声をPCなどにダウンロードすることもできます。お手持ちの音声プレーヤーなどに入れて聞くのもおすすめです。

HIP HOPストーリーを学ぶ!

ヒップホップの誕生

2023年に50周年を迎えたヒップホップ(Hip Hop、Hip-Hop)。今やクラブなどで楽しまれるだけでなく世界中の教室や美術館で、歴史豊かなカルチャーとして扱われるようになりました。その起源は1973年、ニューヨークのブロンクス地区で開催されたブロックパーティー(地域のゲリラ的音楽フェスのようなもの)にまで遡るとされています。

ヒップホップは、DJ、グラフィティ、ダンス(ブレイキング)、そしてラップ(MC)を合わせた4大要素から構成される文化。黒人文化として考えられがちですが、ジャマイカ系、ヒスパニック系の移民を含む多くの人種が誕生当初から関わっていました。

政治的にも社会的にも周縁化し、麻薬売買やギャングの抗争が蔓延していた当時のブロンクスでは、ブロックパーティーが多く開催されていました。そのころのパーティーの主役はダンサーで、彼らを盛り上げたのがドラムブレイク(曲の中で、歌がなく「ビート」のみが流れるパート)。ジャマイカ系移民のDJ Kool Herc(クール・ハーク)が「同じレコード」を2枚用意し、フェーダー(ミキサー)を使ってドラムブレイク部分を延々とループさせる“Merry-Go-Round”という技術を開発したことによりパーティーはさらに大盛り上がり。ダンサー達のバトルが加熱し、地面を風車のように回る「ウインドミル」など、ライバルに勝つための激しいテクニックが開発されます。これが「ブレイクダンス」の起源です。

一方「ラップ」は、DJが曲の間にマイクで「しゃべり」を入れることから始まりました。そのルーツは、①ジャマイカのレゲエでの「トースティング」(ビートに合わせたおしゃべり)、②西アフリカの口承文化(「グリオ」という音楽家たちがドラムに合わせてストーリーテリングをする詩的な話術)、③奴隷貿易時代から続く「ダズンズ」というユーモラスなディスり合い(ののしり合い)の遊び、の3つにあるといわれています。複数起源である点がラップのユニークなところです。

やがてDJたちは、ラップを専門に行う人を雇うことにしました。これがラッパーの誕生です。ラッパーはMC（Master of Ceremony：司会、進行役）とも呼ばれ、当初は「次はこの曲だ、盛り上がっていこうぜ〜！」「誰々が踊るぞ〜！」などといった「あおり」がメインでした。こうしてストリートのパーティーからヒップホップはその産声を上げたのです。

ニューヨークから世界へ

73年のヒップホップの誕生から数年、録音されたラップで初めてヒットしたのが、The Sugarhill Gangによる“Rapper's Delight”（1979）。そして社会的なメッセージ性が込められたGrandmaster Flash & The Furious Fiveの“The Message”（1982）などによって音楽的可能性が広がり、80年代半ばには世界的なスターとなるRun-D.M.C.が登場。90年代はNas、Wu-Tang Clan、The Notorious B.I.G.らが緻密なリリックでジャンルを進化させます。さらに2Pac、Snoop Dogg、Dr. Dreなどが西海岸を盛り上げ、ヒップホップはニューヨークを飛び出しアメリカ中に浸透。サウス（南部）では「トラップ」と呼ばれるビートが生まれるなど、2000年代以降は音楽的にもさらに細分化しました。

いまやヒップホップは言葉が通じなくてもビートで繋がれる世界共通言語。今日もさまざまな国でDJが曲をかけ、ラッパーがラップをし、ダンサーが踊り、ライターがグラフィティを描いています。多様な文化が混ざって誕生したそのルーツの通り、誰もが参加させてもらえるところにヒップホップの寛容さと強さがあるのでしょう。だからこそ、この文化を使わせてもらう私たちは、アフリカ系に代表されるさまざまな文化への感謝とリスペクトを常に忘れず、謙虚に歴史を学び、彼らを「まねる」だけでなく自分なりのスタイルを追求するべきなのです。

学習を始める前に

ラップのリズム、3つの心得

ここでは本書で練習する「英語によるラップ」について、基本的な心得を3つご紹介します。練習中に「難しい!」と感じたら、この心得を思い出してください。

心得1 基本的なリズムを押さえる

ヒップホップのビート、トラック（楽曲）は、基本的に「4拍子」と呼ばれるリズムで、「1、2、3、4」の繰り返しです。基本的にはこの1に「ドン」（キックドラム）、2に「タン」（スネアドラム）、3に「ドン」、4に「タン」が来ます。この4つの部分に英語のアクセント（ストレス）が来ることが多く、ここ以外に音の弱い部分（弱形）が来ることが多いです（例外もたくさんあります）。

この1、2、3, 4（ドン、タン、ドン、タン）をさらに半分に分けたリズム（8個あるので「8ビート」）を感じておくと、リズムが取りやすくなります（スピード感は「倍」になります）。

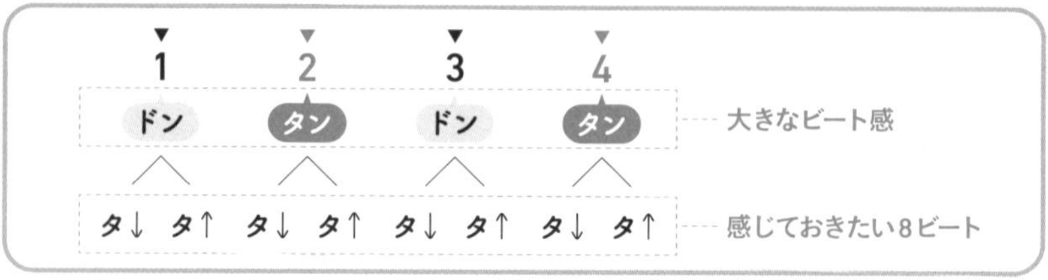

参考にまず本書のtrack 018（またはp.037の二次元コードを読み取ってください）を流して、「ドン、タン」の位置と、その半分のリズム（タタタタという8ビート）を感じましょう。

さらに、これを半分にわけた16ビート（チクタクチクタク）というビートを感じておくと、さらに細かいラップをすることができます。この16ビートを感じるためには参考にtrack 001（またはp.020の二次元コードを読み取ってください）を聞いてみてください。

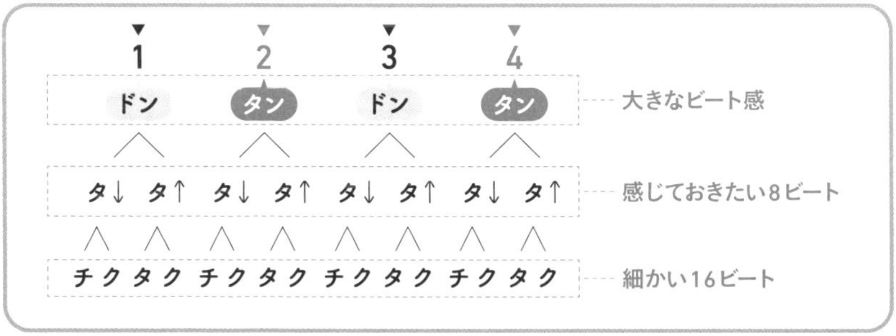

ビートによっては、単純な「ドン、タン、ドン、タン」ではなく、「ドンドンタン、ドッドッドッタン」など、複雑なリズムパターンもたくさんありますが、これはあくまでも「ドン、タン、ドン、タン」が基本にあってのバリエーションと考えてください。基本的な4拍、8ビート、16ビートという考え方は変わりません。

心得2　1拍目の“ドン”から始まらないこともある!

先ほどの8ビートの「タタタタ」に、↓↑のマークがついていたのに気づきましたか?これは、8ビートに「表と裏」があることを示したものです。8ビートのリズムで頭を振ってみて、「タ↓」で頭が下がる（表)、「タ↑」で頭が上がる（裏)、のようなリズムの取り方をしてみましょう。ラップは、1拍目の「ドン」から始まることもありますが、その前の4（“タン”）や、4（“タン”）の中の“タ↓”や“タ↑”から始まり、単語のアクセントが1（“ドン”）に合う、というパターンが多く出てきます。この本でぜひこの感覚に慣れてください。参考に、track 042（またはp.058の二次元コードを読み取ってください）のbreak in[into]のラップを聞きながら下の図を見てみてください。

▼ 4		▼ 1		▼ 2		▼ 3	
タン		ドン		タン		ドン	
タ↓	タ↑	タ↓	タ↑	タ↓	タ↑	タ↓	タ↑
チ ク	タ ク	チ ク	タ ク	チ ク	タ ク	チ ク	タ ク

How do you　break into　a　c o n v e r s a t i o n ?

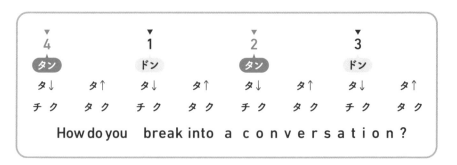

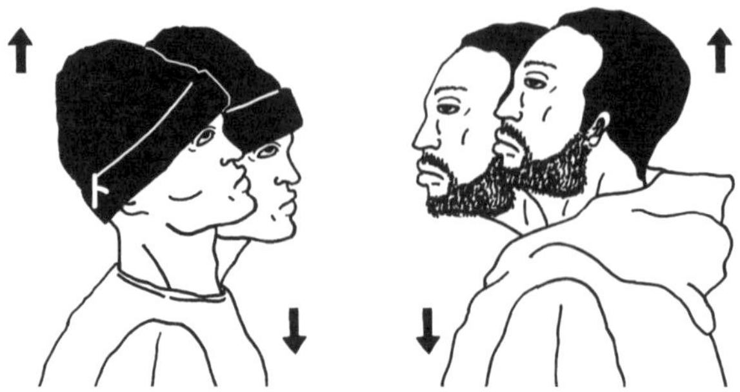

心得3　Don’t think. Rap!

　と、いろいろと基本的な部分を解説してきましたが、言葉で言っても始まりません。この本で本当に大事なのは、「音を感じて、声を放つ」こと。

　言語学習においてよく言われることとして、「発音できない音は聞き取れない」ということがあります。この本では、大量の例文をまずは「発声してみる」（ラップしてみる）ことに重きを置いています。

　まずは本書に収録されたDopeなビートに身をゆだね、身体を動かしながら、お手本のラップを徹底的にまねしてみましょう。そうすることで、楽しみながら自然に大量の英語を発声することになります。そのことが「英語の口」を作り、ひいては英語の「聞き取り」の力につながっていきます。結果はラップした後についてきます。

　楽しんで英語ラップをしていきましょう！

Check them out!!!

本書の Beatmakers!

本書に最高にDopeなトラックを提供してくれた
日本屈指のビートメイカーたちをご紹介します。

Eccy Chapter 1

2007年、Shing02をフィーチャーした「Ultimate High」でシーンに登場。デビューアルバム『Floating Like Incense』が新人としては異例のセールスをあげ、その地位を確立。Dopeでスピリチュアルな世界観がコアなファンのみならず、アーティストからも支持されている。2019年、自身の新レーベル「Edulis」を立ち上げる。

EVISBEATS Chapter 2

奈良出身和歌山在住のトラックメイカー、プロデューサー。般若、KREVA、RHYMESTER、鎮座DOPENESS、ZORNなどさまざまなアーティストに楽曲を提供。田我流との楽曲「ゆれる」は日本のヒップホップのクラシック。アルバムに『AMIDA』、『ひとつになるとき』など。最新アルバムは『That's Life』(2023)。

DJ Mitsu the Beats Chapter 2

仙台を拠点とするヒップホップユニット「GAGLE」のDJ、ビートメイカー。2003年に初のソロアルバム『NewAwakening』をリリース。2022年の『Magnetar』が絶賛を博す。海外アーティストとも積極的にコラボレーションを行い、アメリカ、ヨーロッパ、アジア圏でもリスペクトを集めている。

STUTS Chapter 3

1989年生まれ。自身の作品やライブと並行して、数多くのプロデュースや楽曲提供など、活躍の場を広げている。2021年4月にはTVドラマ「大豆田とわ子と三人の元夫」主題歌「Presence」、2022年10月に3rd アルバム『Orbit』を発表、2023年6月に初となる日本武道館公演を成功させる。

10 Skills

Chapter 1

英語の発音・フロウがよくなる
10 Skills

ここでは日本人が苦手な英語の発音のポイントをいくつか絞って紹介します。母音や子音、連結や脱落などの基礎的な部分から、「韻」についてまでをラップで練習。ビートに乗りながら、楽しんで声を出しましょう。

執筆協力：カン・アンドリュー・ハシモト

Skill 1

子音 *consonant*

Beat by Eccy

ガイドあり　ガイドなし

日本人が苦手な8つの子音を克服！

英語は子音と母音の組み合わせで音を作っていきます。英語には、日本語にはない子音がありますが、これは何度も練習することで必ずモノになります。

ここでは日本人が苦手とする8つの子音を練習します。意識的にやや強めに発音することを心がけ、リズムに合わせて言ってみましょう。

子音 S [s]

舌を前方に出し、前歯の裏の少し奥のあたりに近付けます。舌と歯茎のすき間から「息」を出します。[s]の音は日本語の「サ行」の頭につく[s]の子音よりも勢いが強く、そして長い音です。日本語よりも強めに息を出しましょう。

001

s, s, sand

s, s, send

s, s, sea

s, s, song

sand, send, sea, song

訳 砂／～を送る／海／歌

子音 sh [ʃ]

同様に、舌を前方に出し、前歯の裏の少し奥のあたりに近付けます。舌と歯茎のすき間から「息」を出します。先ほどの[s]の音を発音するときよりも舌を平たくし、口の中のすき間の面積を広くします。

🎧002

sh, sh, she (🎤)

sh, sh, shell (🎤)

sh, sh, shop (🎤)

sh, sh, should (🎤)

she, shell, shop, should (🎤)

訳 彼女は／貝殻／店／～すべきだ

KEEP IN MIND

siとシ

sea(海)、**see**(～を見る)、**seek**(～を探す)、**secret**(秘密)などの[si]の音は、日本人の苦手な音の1つ。これらの音を日本語の「シ」に似た[ʃi]の音で発音してしまいがちです。[ʃi]の音で発音すると、**sea**(海)は**she**(彼女は)に聞こえてしまいます。意識してはっきり区別して発音しましょう。

子音 f [f]

次に、[f]と[v]の違いを確認していきます。[f]と[v]は、口の形と発声するときの動きは同じです。音を出す瞬間に、声を出さずに「息」だけを出すか、「声」を出すかのみの違いです。[f]は上の前歯を下唇に軽く触れます。前歯と下唇のすき間から「息」を出します。

003

f, f, fan

f, f, fall

f, f, fix

f, f, few

fan, fall, fix, few

訳 扇風機、支持者・ファン／落ちる／～を修理する／ほとんどない

KEEP IN MIND

fとv

[f]も[v]も日本語にはない音です。日本語の「フ」や「ブ」の音は忘れて、まったく別の音だと思って発声しましょう。語頭の[f]や[v]をうまく発音するコツは、前歯と下唇のすき間に息や声を通してから次の母音を発音することです。

子音 V [v]

[v]は上の前歯を下唇に軽く触れます。前歯と下唇のすき間から「声」を出します。

004

v, v, van

v, v, vet

v, v, vision

v, v, view

van, vet, vision, view

訳 バン（小型トラック）／獣医／視力／眺め

子音 th [θ][ð]

日本人が苦手とする「th」サウンド。この音には2種類あります。口の形と発声するときの動きは同じです。f、vと同じで音を出す瞬間に「息」を出すか「声」を出すかで音の違いが生まれます。息を出す方を[θ]、声を出す方を[ð]という発音記号で表します。まずは音を聞いて違いを感じましょう。

[θ]

前歯と舌先のすき間に「息」を通すことで生まれる音です。日本語の「サ行」の音とは別の音です。

005

th, th, thank

th, th, theft

th, th, think

th, th, thumb

thank, theft, think, thumb

訳 ～に感謝する／窃盗／考える／親指

[ð]

前歯と舌先のすき間に「声」を通すことで生まれる音です。日本語の「ザ行」の音とは別の音です。

006

th, th, that

th, th, them

th, th, this

th, th, though

that, them, this, though

訳 あれ／彼らを／これ／～だけれども

KEEP IN MIND

thの音

[θ]も[ð]も日本語にはない音です。「ス」や「ザ」「ズィ」などの音とは別物なので、いったん忘れましょう。語頭の[θ]や[ð]は、歯で舌をこする音をしっかり出してから母音を発声すると発音しやすいでしょう。Chapter 2からは英文の発音をカタカナで表して、便宜的に「ス」「ザ」「ズィ」などと書いてありますが、thであれば、この特徴的な音をしっかり出してください。

子音 t [t]

口を開けたまま、上の歯茎（前歯の裏あたり）に舌を当てます。舌を弾きながら強く「息」を出します。日本語の「タ行」の音よりも、舌を弾いたときの息の量は多く、音量も大きくなります。

007

t, t, tax

t, t, tent

t, t, tease

t, t, top

tax, tent, tease, top

訳 税／テント／～をからかう／頂上

子音 d [d]

同じく、口を開けたまま、上の歯茎（前歯の裏あたり）に舌を当てます。舌を弾いて強く息を吐き出しながら「声」を出します。日本語の「ダ行」の音よりも、舌を弾いたときに乗せる息の量は多く、音量も大きくなります。

008

d, d, dance

d, d, dead

d, d, dear

d, d, dock

dance, dead, dear, dock

訳 ダンス／死んだ／親愛なる／波止場

KEEP IN MIND

tとd

子音の[t]と[d]は、日本語の「タ行」や「ダ行」とそっくりの音ですが、実は息の量は日本語よりもずっと多く、勢いも強いです。その点を意識して発音すると、英語の音に近付くはずです。

Skill 2

母音 vowel

Beat by Eccy

ガイドあり　ガイドなし

うまく言えれば発音上手！4つの母音

日本語の母音といえば、「あ、い、う、え、お」の5つ。一方、英語は母音の数が多い言語です。ここでは日本人の苦手な4つの英語の母音を取り上げます。

英語には母音が 19 ～ 21 個ほどあるといわれています（英・米でもその数が違います)。すべての習得は難しいので、ここではまず 4 つを取り上げます。

母音 [ɑ]

[ɑ] は母音の中で一番大きくあごが下がります。口を大きく開けながら、舌を下げます。口の中央の空間を広げるように舌を下げましょう。

日本語の「あ」よりさらに 1、2cm あごが下に下がった状態です。

その状態で「ア」と声を出します。「アー」と少し伸ばす人もいます。

009

o, o, hot

o, o, cop

o, o, God

o, o, box

hot, cop, God, box

訳 熱い（暑い）／警官／神／箱

母音 [æ]

まず口角を横に広げます。その状態のまま口を下にも開きます。舌は前方に置きます。発音記号[æ]は[a]と[e]を組み合わせて作られたものですが、発音もその2つの中間のイメージ。「エ」と「ア」の中間の音を少し長めに出します。

010

a, a, hat

a, a, cap

a, a, fat

a, a, bad

hat, cap, fat, bad

訳 帽子／キャップ／太った／悪い

母音 [ʌ]

[ʌ]は口元の力を抜き、日本語の「ア」よりもやや閉じ気味に軽く口を開きます。お腹ではなく喉のやや奥の方から、歯切れよく、短く、やや暗めの「ア」の音を出します。日本語の「ア」に最も近い音です。[ɑ]や[æ]は口を大きく開けますが、[ʌ]は口を大きく開けません。

011

u, u, bus

u, u, cut

u, u, tub

u, u, shut

bus, cut, tub, shut

訳 バス／～を切る／たらい／～を閉じる

母音 [əːr]

「あいまい母音」といわれる[ə]と[r]の発音が合わさった発音は日本語に似た音がありませんが、アメリカ英語にはよく出てくる音です。少し難しいですが、挑戦しましょう。まず、口を軽く開きます。できるだけ小さく開いた方が音は出しやすいです。舌を水平に口の中の上あごのすぐそばまで持ち上げます。舌の上にできた狭い空間に「ア」と「ウ」の中間の音を出します。その音を伸ばしながら舌の奥を盛り上げるような意識で[r]を発音します。

012

ear, ear, earth

ir, ir, bird

er, er, serve

or, or, work

earth, bird, serve, work

訳 地球／鳥／～に給仕する／働く

KEEP IN MIND

あいまい母音について

あいまい母音は日本人にとって発音が難しい音。**Japan**、**China**、**condition**など、単語の中でアクセントのない部分の母音が[ə]であることが多いです。力を抜いて、ある意味適当に発音する部分なのですが、上の**earth**、**bird**、**serve**、**work**のように「アクセントがあり、かつ**r**と合わさっている」音は、意識的な発音が必要になってきます。また、これらはたとえば**heart** [hɑːrt]などとは違う発音であることも頭の片隅に入れておきましょう。ただ、今は細かいことは気にせずに！　この本ではとりあえず「聞こえたままをまねする」を心がけてください。

Skill 3

二重母音 *diphthong*

Beat by Eccy

ガイドあり　ガイドなし

二重母音に気をつけろ！

二重母音とは2つの母音が並んでいる音ではありません。たとえば[aɪ]は、[a]と[ɪ]の2つの音として発音するのではなく[a]の音がなめらかに[ɪ]の音へ変わっていく、音が変化する「1つの母音」です。

英語の二重母音は基本的に5つ。ここではそのすべてを練習していきます。2つの母音を別々に発音する、という意識をいったん捨てて、ある母音からある母音へ音が変わっていくような感覚で発音しましょう。

二重母音 [aɪ]

まず、あごを下げ、同時に舌の中央を下げます。その状態で「ア」と声を出すと同時にあごを戻しながら「イ」と軽く添えるように言います。[a]の音を強く発音し、その後に[ɪ]の音がついてくるイメージです。

013

uy, uy, buy

ie, ie, lie

ie, ie, die

ie, ie, tie

buy, lie, die, tie

訳 ～を買う／嘘、横たわる／死ぬ／～を結ぶ

二重母音 [eɪ]

口角を横に引っ張りながら軽くあごを下げます。その状態で「エ」と声を出すと同時にあごを戻しながら「イ」と軽く添えるように言います。[e]の音を強く発音し、その後に[ɪ]の音がついてくるイメージです。

014

ay, ay, bay

ay, ay, lay

ay, ay, day

ai, ai, tail

bay, lay, day, tail

訳 湾／～を横たえる／日／しっぽ

KEEP IN MIND

二重母音と日本語表記

英語由来の外来語をカタカナで表すときに、二重母音が「長音」として表記されることがあります。これが日本人の英語の発音に影響しているかもしれません。たとえば、「プレーヤー」(**player**)、「バレンタインデー」(**Valentine's Day**)、「ゴー」(**go**)、「ショー」(**show**)、「コート」(**coat**)、「ボーイ」(**boy**) など。これらはどれも英語では二重母音で発音します。ただ、**player**を「プレーヤー」と発音しても影響はないかもしれませんが、**coat**を「コート」と言ってしまうと、**cought** (**catch**の過去形、過去分詞。発音は長音の「コート」に近い) と勘違いされる可能性もあるので注意が必要です。
逆に日本語では、表記上母音が2つ並んだ言葉を実際に発音してみると長音になるケースがあります。「お父さん [おとうさん]」(発音：おとーさん) がそれです。「お・と・う・さ・ん」のように、「と」の後に「う」をはっきり発音することはまれです。日本語の表記と発音のずれ、興味深いですね。

二重母音 [ɔɪ]

唇には力を入れず、日本語の「オ」よりも少し大きめに口を軽く開きます。やや舌を引き、口の中の奥に空間を作ります。その状態で喉の奥から「オ」と声を出すと同時に口を戻しながら「イ」と軽く添えるように言います。[ɔ]の音を強く発音し、その後に[ɪ]の音がついてくるようなイメージです。

015

oy, oy, boy

oy, oy, toy

oi, oi, coin

oi, oi, point

boy, toy, coin, point

訳 少年／おもちゃ／硬貨／先端

二重母音 [aʊ]

あごを下げ、同時に舌の中央を下げます。その状態で「ア」と声を出すと同時にあごを戻しながら「ウ」と軽く添えるように言います。[a]の音を強く発音し、その後に[ʊ]の音がついてくるようなイメージです。

016

ou, ou, out

ow, ow, down

ou, ou, house

ou, ou, spouse

out, down, house, spouse

訳 外に／下へ／家／配偶者

二重母音 [OU]

あごを下げて口は軽く開きます。口先をとがらせるようにしながら「オ」と声を出すと同時にあごを戻しながら「ウ」と軽く添えるように言います。[o]の音を強く発音し、その後に[u]の音がついてくるイメージです。

017

ow, ow, owe

oe, oe, toe

o, o, vote

oa, oa, coat

owe, toe, vote, coat

訳 〜に…を借りている／つま先／投票／コート

Skill 4

脱落 *elision*

Beat by Eccy

ガイドあり　ガイドなし

あるべき音が消える?

ある条件下で単語の特定の音が発音されなくなることがあります。たとえば、Stop!/ Get out!/ It's my card.の下線部は、本来あるべき音が聞こえない、または聞こえにくくなります。この現象を「脱落」と呼びます。

脱落のパターンには2つがあります。

1つの単語の語末の破裂音が聞こえないパターン

単語単体、または文末の単語で破裂音（p/b/k/g/t/d）が語末に来るとき、本来あるべき音が聞こえない、または聞こえにくくなります。

018

stop, stop, Stop!

look, look, Look!

fight, fight, Fight!

good, good, Good!

Stop! Look! Fight! Good!

訳 止まれ！／見ろ！／戦え！／いいね！

先ほどの例は、単語単体で最後の破裂音が聞こえない、または聞き取りづらくなる例でした。サンプル音声の語末の子音が聞こえなかったかもしれませんが、「そういう発音」だと理解しましょう。サンプル音声を何度も聞いて、自分でも言ってみて、この「語末の子音が消えてしまう発音」を体感しましょう。

次も基本的には同じですが、「文末の単語の語末が聞こえない」例です。

019

it, it, Take it.

back, back, Go back.

up, up, Get up.

bad, bad, It's bad.

Take it. Go back. Get up. It's bad.

訳 受け取って。／戻れ。／起きなさい。／ひどい。

2つの子音が連続するときに1つ目の子音が落ちるパターン

次に、2つの子音が連続するときに1つ目の子音が落ち（2つ目の子音に飲まれ）、2つ目の音だけが残るパターンです。

020

hot, hot, hot day

good, good, goodbye

drop, drop, drop back

log, log, log cabin

hot day, goodbye, drop back, log cabin

訳 暑い日／さようなら／後退する／丸太小屋

Skill 5

弱形 *reduction*

Beat by Eccy

ガイドあり　ガイドなし

弱く発音するところ

文の中で重要度が低い語は、しばしば弱い発音になります。冠詞、前置詞、接続詞、助動詞、be動詞、代名詞など、意味は補助的なもので文法的な機能を持つ語（機能語といいます）は弱い音になることが多いです。

上にあるように、機能語は基本的には弱く発音されます。しかし話し手が強調したいと考えている内容によっては、通常は弱く発音される音が強くなる場合もあります。

He is a doctor.（彼は医者です）
本来 is は弱い音ですが、強く言う場合は意味が異なります。
He IS a doctor.（他の誰でもなく、彼が医者なんだ）

bread and butter（パンとバター）
本来 and は弱い音ですが、強く言う場合は意味が異なります。
bread AND butter（パンだけでなく、バターも）

上記のようにisやandのような機能語も、話者が意図的に強調したい場合は強い音になることがあります。
しかし基本的には機能語は弱く発音します。そのため、場合によってははほとんど聞こえなくなることもあります。

品詞別に紹介しますので、サンプル音声をまねて練習しましょう。

冠詞

021

a cop, a cop, He's a cop.

a joke, a joke, It's a joke.

a look, a look, Take a look.

an apple, an apple, It's an apple.

He's a cop. It's a joke. Take a look. It's an apple.

訳 彼は警官だ。／冗談だよ。／見てみてください。／それはリンゴです。

今練習したものは、厳密にはSkill 6で紹介する連結（linking）も起きていますが、ここでは、冠詞の発音が弱まっていることを感じてください。

022

the truth, the truth, Tell the truth.

the one, the one, You're the one.

the star, the star, That's the star.

the way, the way, Find the way.

Tell the truth. You're the one.
That's the star. Find the way.

訳 本当のことを言って。／君は特別だ。／あれがその星だよ。／道を見つけろ。

前置詞

023

at, at, start at seven

for, for, It's for you.

to, to, walk to school

in, in, made in China

start at seven, It's for you. walk to school, made in China

訳 7時に始まる／それはあなたのためのものです。／学校まで歩いて行く／中国製の

接続詞

024

and, and, black and white

and, and, fish and chips

or, or, three or four

or, or, beef or chicken

black and white, fish and chips, three or four, beef or chicken

訳 黒と白／フィッシュアンドチップス／3つか4つ／ビーフかチキン

助動詞

025

can, can, I can do it.

have, have, I have done it.

must, must, You must know.

would, would, I would do that.

I can do it. I have done it.
You must know. I would do that.

訳 私はできます。／それを終えました。（しくじった。）／君は知っているはず。／僕がやるのに。

代名詞

026

it, it, Read it twice.

her, her, Ask her out.

him, him, Call him later.

them, them, Let them go.

Read it twice. Ask her out. Call him later.
Let them go.

訳 2回読んで。／彼女を誘えよ。／彼に後で電話しなよ。／彼らを行かせてあげて。

be動詞

027

am, am, I am here.

is, is, This is good.

are, are, Who are you?

were, were, They were happy.

I am here. This is good. Who are you?
They were happy.

訳 私はここです。／これいいね。／あなたは誰？／彼らは幸せでした。

Yes, it is. / Here you are. のように、be動詞が文末にくる場合は弱形になりません。

Skill 6

連結 *linking*

Beat by Eccy

ガイドあり　ガイドなし

頻繁に出てくる音のつながり

2つ以上の単語の音がつながる現象のことを「連結」といいます。英語では頻発する現象で、英語を聞き取る際のカギにもなります。

実は日本語にも、英語の連結にそっくりの現象があります。「反応」は「はん」の「ん」（子音）と「おう」の「お」（母音）がつながって「はんのう」となります。このようなことが英語で起こっていると考えれば少し理解しやすくなるかもしれません。ここでは「子音＋母音」の連結、「母音＋母音」の連結という 2 つのパターンを見ていきましょう。

「子音＋母音」で音がつながるパターン

a) 破裂音＋母音

028

keep, keep, keep out

eat, eat, eat out

hold, hold, hold on

look, look, look out

keep out, eat out, hold on, look out

訳 中に入らない（立ち入り禁止）／外食する／しっかりつかまる／外を見る

b) 摩擦音＋母音

029

release, release, release it

brush, brush, brush up

live, live, live in

month, month, month ago

release it, brush up, live in, month ago

訳 それを手放す／～にみがきをかける／～に住んでいる／（1）カ月前に

c) その他の子音＋母音

030

watch, watch, watch out

turn, turn, turn on

call, call, call in

tear, tear, tear up

watch out, turn on, call in, tear up

訳 気をつける／（電気などを）つける／電話を入れる／～を引きさく

d) 3つの単語の音がつながり連結を起こしているパターン

031

set, set, Set it off. (🎤)

cut, cut, Cut it out. (🎤)

check, check, Check it out. (🎤)

take, take, Take it away. (🎤)

Set it off. Cut it out. Check it out. Take it away. (🎤)

訳 それを作動させろ。／やめろ。／チェックしろ。／それを持っていって。

母音＋母音で音がつながるパターン

母音と母音がつながるときに、その2つの間にwやyの音が入るパターンです。母音を2つ続けて言うより言いやすくなります。

032

do, do, do it (wの音が入る) (🎤)

go, go, go out (wの音が入る) (🎤)

who, who, who is (wの音が入る) (🎤)

rely, rely, rely on (yの音が入る) (🎤)

do it, go out, who is, rely on (🎤)

訳 それをする／外出する／〜は誰か／〜に頼る

Skill 7

同化 *assimilation*

Beat by Eccy

▶ガイドあり ▶ガイドなし

隣り合う音がくっついて違う音に？

隣り合う音がお互いに影響を与え合い、音声が変化することがあります。隣り合う2つの音がつながるという意味では「連結」に似ていますが、「同化」はまったく別の音に変わる点が特徴です。

「同化」は、ある単語の後にyouまたはyourが続く場合によく起こります。you、yourの語頭が前の語末の子音と合わさって音が変化します。

たとえば、got youは「ガットュー」ではなく「ガッチュー」のように、need youは「ニードュー」ではなく「ニーヂュー」のようになります。サンプル音声をよく聞いて、まねしてみましょう。

033

got, got, Got you!

bless, bless, God bless you.

thank, thank, Thank you.

need, need, I need you.

Got you! God bless you.
Thank you. I need you.

訳 了解！／神のご加護がありますように。／ありがとう。／あなたが必要です。

Skill 8

フラップT *flapping*

Beat by Eccy

ガイドあり　ガイドなし

アメリカ流！tの音がラ行に変化！

tの音は語頭にある場合は強い破裂音として発音されることが多いのですが、語中や語末にある場合は日本語の「ラ行」に近い音に変化する傾向があります。

主に2つの条件が重なると「フラッピング、フラップT」（“t”がラ行の音になる）という現象が起こります。1つ目はtの音が母音（または母音+r）と母音に挟まれていること、2つ目はtの直前に強勢（ストレス）が置かれることです（waterやparty）。また、語末のlは母音の「u」に近い音なのでその直前のtでフラッピングが起こります。

文になったときも、上記のルールでフラッピングが起こります。

なお、イギリス英語ではこの現象は起こらない（起こりづらい）ことも覚えておきましょう。

母音に挟まれた t の音

034

water, water, water

party, party, party

Saturday, Saturday, Saturday

computer, computer, computer

water, party, Saturday, computer

訳 水／パーティー／土曜日／コンピューター

lで終わる音

035

little, little, little

turtle, turtle, turtle

bottle, bottle, bottle

title, title, title

little, turtle, bottle, title

訳 小さい／カメ／びん／タイトル

文の中でのフラップT

036

Get out. Get out. Get out.

Shut up. Shut up. Shut up.

Let it go. Let it go. Let it go.

Not at all. Not at all. Not at all.

Get out. Shut up. Let it go. Not at all.

訳 出ていけ。／黙れ。／ほっとけ。／全然。（どういたしまして。）

Skill 9

アクセント *stress/accent*

Beat by Eccy

ガイドあり　ガイドなし

日本語とだいぶ違う！「アクセント(ストレス)」で英語がキマる！

英語でaccentというと「訛り」という意味もありますが、ここでは単語レベルでの、「強く発音される部分」のことをいうことにします。強勢（強く読むこと）と訳されることもあります。「ストレス」(stress) ともいいます。

アクセントが置かれた部分（音節）は他の部分（音節）よりも高く、長く発音されてもいるのですが、ここでは強弱のみに注目します。

日本語には英語由来の外来語が数多くあります。外来語は日本人にとって英単語のアクセントをわかりにくくしている原因の１つでもあります。日本語で言うときと異なる部分にアクセントを置く外来語を並べてみました。音楽の強拍（「ドン」と「タン」の部分）に単語のアクセントを乗せて発音してみましょう。

037

advice　canoe　gorilla　vanilla

success　career　technique　buffet

calendar　elevator　equal　olive

ultra　allergy　alcohol　vitamin

訳 アドバイス／カヌー／ゴリラ／バニラ／サクセス／キャリア／テクニック／ビュッフェ／カレンダー／エレベーター／イコール／オリーブ／ウルトラ／アレルギー／アルコール／ビタミン

日本語の外来語とアクセントが異なる英単語には、他にも以下のようなものがあります。そもそも「発音自体が違う」ものもあげました。辞書などを調べて、どう発音するか確認してみると、新たな発見につながります。みなさんも英語を学習する中で「これ、日本語と発音が違う！」と思う単語に出合ったら、メモしておきましょう。

virus　parameter　discount　manager

engineer　event　image　garage

jacuzzi　receipt　cashier　convenience

訳 ウイルス／パラメーター／ディスカウント／マネージャー／
エンジニア／イベント／イメージ／ガレージ／
ジャクジー（ジャグジーではない）／レシート／レジ（キャッシャーではない）／コンビニエンス

Skill 10

韻 *rhyme*

Beat by Eccy

ガイドあり　ガイドなし

韻と英語の密接な関係

共通した、または類似した発音の単語を使い、音をそろえることを押韻（おういん）といいます。英語ではrhyme、rhymingといい、英語文化圏では特に歌や詩などで大切な要素となっています。学校でも韻が使用されている文学作品が授業で取り上げられることも少なくありません。学習者にとっては、どこで韻を踏んでいるのかを意識しながら発話することで、発音を上達させるトレーニングになります。

韻、ライムというと、最近ではラップやMCバトルのイメージが強いかもしれませんが、英語圏では歌詞、ブランド名（例：Seven Eleven）、映画タイトル（例：Kill Bill）から挨拶（例：Later, skater.）まで、さまざまなところで登場します。また、子どもが慣れ親しんでいる絵本やナーサリーライム（英語の童謡）にもふんだんに使われ、まさに英語を初めて学ぶツールの1つにもなっているのです。

たとえば、英語圏の子どもが初めて習う歌の1つに「ABCの歌」があります。「ABCDEFG…HIJKLMNOP…QRSTUV…WXY and Z」と、実はきれいな脚韻（文やフレーズの最後の[母]音をそろえること）になっていて、G、P、V、Zが「イー」の音でライムしています。英語圏では子どものころからライム三昧というわけです。

このように、ライムは英語習得の基礎であり、ライムを重要な要素とするラップが英語学習に役に立つことがおわかりいただけたかと思います。ここからは実際にビートに合わせてライムしてみてください。

1語または1フレーズで韻になっているもの

038

okey-dokey **holy moly** **helter-skelter**
silly billy

mumbo jumbo **roly-poly** **easy-peasy**
itsy-bitsy

訳 了解／なんてことだ／大慌てで／おばかさん／ちんぷんかんぷん／丸い、ずんぐりした／とても簡単な／ちっちゃい

韻を含んだ言い回し

039

A hungry man is an angry man.

Finders keepers, losers weepers.

A friend in need is a friend indeed.

Turn that frown upside down.

訳 お腹がすくと怒りっぽくなる。／見つけた人の物、なくした人は損するだけ。／困ったときの友こそ真の友。／眉をひそめずに笑顔になろう。

文末で韻を踏んだラップ

040

Putting together a rhyme is fun.

Pick a word that matches the first one.

Anything can be made into a song.

It can be short or very long.

訳 ライムを組み立てるのは楽しいよ。／最初の言葉とマッチする言葉を選ぼう。／どんなものだって歌になるよ。／短くなったり長くなったり。

いかがでしたか。

ここまで、英語発音の10のスキルを学んできました。これらのスキルを頭に入れ、できれば身体にしみこませた状態で、次の章からいよいよ英語ラップの練習を始めていきましょう！

KEEP IN MIND

ライムとグルーヴには歴史がある

ライムを語る上で欠かすことができないのはその音楽性・グルーヴ感。ヒップホップ誕生のはるか前、今から2000年ほど前の詩にもライムがあったことが確認されています。これが本当のオールドスクール。また、16世紀生まれ、『ロミオとジュリエット』などで知られるシェイクスピアが好んで使用したスタイル「弱強五歩格」(アイアンビックペンタミター：iambic pentameter＝弱い音と強い音を交互に5回繰り返して1行を作る)もライムをしっかりと配置しつつグルーヴを作るリリックの書き方で、実は現代のラップにもかなり通ずるところがあります。

Column

「勝ち」は負けてこそ

ラップをし始めた10代のころ、ホノルルのストリートで本物のラッパーに出会いました。彼はリリック帳を見ることなく、その場にあるもの、その日起こったこと、今の状況を題材に即興でラップしました。「天才すぎる！」と震える僕にその人は「仲間になりたければフリースタイルせよ」と言いました。

僕の初めてのフリースタイルは日本語。それはもはや駄洒落で、「俺はCOLOR、卵の殻、フリースタイルできないから、喉がカラカラ…」客観的に見て悲惨なものでした。でもこのダサすぎる初めてのフリースタイルによって自分の中で何かが目覚め、走ることを覚えたフォレスト・ガンプのように、どこに行く時もラップするヤバい人になっていったのです。

それから15年後、完全に大人になった僕の胸が再び高鳴りました。次々と出てくる言葉を瞬時に処理し、優雅に「無音のビート」の上に刻みつけていく。究極の集中力、そして最高のアドレナリンラッシュ。フリースタイルと同じく完全即興。それが「同時通訳」です。僕はこの競技であり芸術でもある同時通訳にラップ同様のめりこみ、数えきれない失敗や負け戦を経て、今では生業（なりわい）にしています。

僕は幸運にもフリースタイルバトルと同時通訳グランプリの2つで優勝者になることができましたが、振り返ると「負け」から学んだことの方が多かったように思います。ルーツは10代のころのあのダサいフリースタイル。「負け」という鬼軍曹に怒鳴られ、自分を呪い、弱点を知り、それでも楽しくてやめられない人のもとに、勝ちは気まぐれに訪れるのかもしれません。

25 Verbs

Chapter 2

会話で使える
基本動詞25
をラップする!

ここでは英語の会話の中で出現頻度の高い25個の基本動詞からなる句動詞やフレーズを使ったラップを練習します。英語のリズム感・瞬発力が身につくと同時に、動詞の「運用力」までも磨くことができます。さまざまなタイプのビートが登場します。うまく乗りこなしてください!

Verb 1

Beat by
EVISBEATS

break [bréɪk]

ガイドあり　ガイドなし

Check the basics!

「壊す、壊れる」という意味のbreakに前置詞や副詞を組み合わせると、さまざまな意味を持つ表現になる。breakは二重母音[eɪ]を含む。過去形・過去分詞（broke、broken）にも、二重母音[oʊ]が含まれている（Skill 3）。他の単語と一緒になったときの連結（Skill 6）なども意識しよう。

今回のフレーズ

- **break in[into]**
- **break out**
- **break up**
- **break down**

＼まずは口慣らし！／

Practice Rap

041

break
ブレイク

Break it.
ブレイキット

Did you break it?
ディヂューブレイキット

It's gonna break.
イッツゴナブレイク

Who broke in?
フーブロウクキン

It broke out here.
イットブロウクアウトヒアァ

We'll never break up.
ウィーゥネヴァァブレイカップ

Could you break it down?
クヂューブレイキットダウン

訳 壊れる、～を壊す／それを壊せ。／それを壊したの？／壊れそうだ。／誰が侵入したんだ？／それはここで起こった。／僕たちは解散しない。／かみ砕いて説明してもらえますか？

EASY 042

break in[into] （～に）侵入する、（～に）割り込む

How do you break into a conversation?
ハウドゥユーブレイキントゥアカンヴァセイション

It's like breaking into a house.
イッツライクブレイキンニントゥア ハウス

You find a window and break in.
ユーファインダウィンドウエァンドブレイキン

Now let's practice breaking in.
ナウレッツ プレァクティスブレイキンニン

訳 どのように会話に割り込むのでしょうか？／やり方は家に侵入するのと似ています。／窓を見つけて、そこから入ります。／では割り込む練習をしてみましょう。

解説
英語でThere's a window in our conversation.と言うと、「会話に隙間がある」という意味になる。ここでは「家の窓から侵入するように」「会話の隙間」に入ろう、と言っている。／4ライン目、practice breaking inの下線部を一気に言おう。

EASY 043

break out 勃発する、出火する、脱走する、発生する

If the prisoners break out,
イフザプリズナァズブレイカウト

a riot could break out.
アライアット クドブレイカウト

Then a fire could break out.
ゼナ ファーイアァ クドブレイカウト

It's like an epidemic breaking out.
イッツライクアンネピデーミクブレイキンナウト

訳 囚人が脱獄したら／暴動が発生するかも。／そしたら火事になるかもしれない。／疫病が流行るようなものだ。

解説
break outは「破れて（壊れて）外に出る」イメージ。脱走や、疫病の発生などに使われる。epidemicは「伝染病の流行」。／4ライン目のbreaking outは「ブレイキンナウト」のようになる。

EASY 044

break up 壊れる、～を中断する、解散する、別れる

The sound was breaking up,
ザサーウンドワズブレイキンナップ

then a speaker broke up.
ゼナスピーカアブロウカップ

Then they broke up the concert,
ゼンゼイブロウカップザカーンサ～ト

and soon the band broke up.
エァンドスーンザベァンドブロウカップ

訳 音が割れていた、／そしてスピーカーが壊れた。／そしてコンサートが中止になって、／そしてすぐにバンドが解散した。

解説
バンドやお客さんにとって悪夢の瞬間かもしれない。／breaking up, broke upのほとんどで最後のpが弱くなっている（Skill 4）。

NORMAL 045

break down 壊れる、故障する、悪化する、泣き崩れる、～をかみ砕いて説明する

Her marriage had broken down,
ハ～メアリヂヘアドブロウクンダウン

and her health broke down from stress.
エンナ～ヘウス ブロウクダウンフラムストレス

Then her heater broke down.
ゼンナ～ヒータアブロウクダウン

That's when she broke down in tears.
ゼァッツウェンシー ブロウクダウニンティアァズ

訳 彼女の結婚生活は崩壊していて、／ストレスで体調を崩していた。／さらに暖房が故障した。／それが彼女が泣き崩れたときだ。

解説
break down in tearsで「泣き崩れる」。／2ライン目のand herと3ライン目のThen herは、hが落ちて「エンナ～」「ゼンナ～」のようになっている。4ライン目のThat's when sheは力を抜いて意識的にルーズに発音してみよう。

Wrap-up Rap!

まとめのRap

Listen! Repeat! Try!
046 047 048

Because the speakers were breaking down,
ビコーズザスピーカァズワ〜ブレイキンダウン

the dancers broke into the lounge.
ザデァンサーズブロウキントゥザラウンヂ

Then a fight broke out between the dance teams,
ゼナファイト ブロウカウト ビトウィーンザデァンスティームズ

so we broke up the fight with an ill beat.
ソウウィーブロウカップザファイト ウィザニゥビート

訳 スピーカーが壊れ始めてたから、／ダンサーたちがラウンジに乗り込んできた。／そしてダンスチームの間でけんかが勃発した、／だからヤバいビートをかけて仲裁したよ。

解説
かつてヒップホップは、敵対するグループ同士の抗争をラップやダンスで競うことで解決するという手段・思想でもあった。／break up the fightは「戦いを止める・仲裁する」。／an ill beatは「ヤバいビート」。ヒップホップでは、ill（病んだ）やdope（麻薬）といった悪い意味が、いい意味に反転することがよくある。／3ライン目between the dance teamsを一気に言おう。

Check it out!
カッコいい曲を流して場の空気を変えることができるのがDJ。ダンサーならそんなとき、けんかのエネルギーをダンスにぶつけたくなるはず。

Verb 2

Beat by
DJ Mitsu the Beats

bring [bríŋ]

▶ガイドあり ▶ガイドなし

Check the basics!

bringの基本イメージは「持ってくる」。発音は日本語的発音である「ブリング」の最後の「グ」の音はいったん忘れて、「ン」が鼻に抜けていくイメージ(鼻濁音)を持とう。ラップのカタカナの小さい「ｸﾞ」や連結の際の「ギ」や「ガ」なども、その感じを意識して発音しよう。

今回のフレーズ

- **bring up**
- **bring on**
- **bring back**
- **bring in**

まずは口慣らし！

Practice Rap

049

bring
ブリング

Bring it.
ブリンギット

I'll bring it to you.
アイウブリンギットトゥユー

What brought you here?
ワットブロートユーヒアァ

Please don't bring it up.
プリーズドウントブリンギッラップ

OK, bring it on!
オウケイブリンギロン

Could you bring it back?
クヂュー ブリンギットベアック

May I bring it in?
メイアイブリンギリン

訳 ～を持ってくる／それを持ってきて。／僕があなたにそれを持っていきます。／どうしてここに来たの？／その話を持ち出さないでください。／よし、かかってこい！／それを返してもらえますか？／それを持ち込んでいいですか？

NORMAL 050

bring up （人・物）を上に連れてくる、～を持ってくる、～を育てる、～を議題にあげる

Tom brought up the coffee earlier.
タムブロートアップ ザ コーフィア～リィア

Suzy was the one who brought Tom up.
スーズィワズザワンフー ブロートタムアップ

Suzy brought up the idea yesterday,
スーズィブロートアップ ズィアイディーアイエスタディ

Tom brought up a chart to explain it.
タムブロートアッパチャートトゥエクスプレイニット

訳 トムがさっきコーヒーを上に持ってきてくれた。／トムを育てたのはスージーだ。／スージーが昨日、アイデアを議題にあげて、／トムが説明するために表を出した。

解説
bring upは「上に持ってくる」「持って上がる」イメージ。／抑揚のあるフロウ（ラップの節回し）を心がけよう。

NORMAL 051

bring on ～を連れてくる、～を持ってくる、～を引き起こす

His drinking habit brought this on.
ヒズドリンキングヘァビトブロートズィスオン

His hangovers brought on issues at work.
ヒズヘァングオウヴァァズ ブロートオン イシュザトワ～ク

She's gonna bring on a doctor to help.
シーズゴナ ブリングオナ ダクタァトゥヘウプ

We hope this brings on a positive change.
ウィーホウプズィス ブリングゾナパーズィティヴチェインヂ

訳 彼の飲酒癖が問題の原因だ。／二日酔いが職場で問題になった。／彼女は助けるために医者を連れてくるつもりだ。／これで状況が改善することを願うよ。

解説
「彼」にはだいぶ問題があるようだ。／hangoverは「二日酔い」。／2ライン目、issues at workを「イシュザ（ト）ワ～（ク）」のようにリラックスして一気に言おう。／3ライン目のShe's gonnaはShe is going toの口語体。

NORMAL 052

bring back ～を返却する、～を思い出させる、～を持って帰る、～を取り戻す

Can you bring back the CD I lent you?
キャニューブリングベアックザスィーディーアイレンチュー

The one I brought back from New York.
ザワナイブロート ベアックフラムニューヨーク

These songs bring back so many memories.
ズィーズソーングスブリングベアック ソウメニメモリィズ

We need to bring back good music like this.
ウィーニードトゥブリングベアックグード ミューズィクライクズィス

訳 貸したCD返してくれる?／ニューヨークから持って帰ったCDだよ。／あの曲を聴くといろいろ思い出すんだ。／こういういい音楽を復活させたいね。

解説
昔聴いていた音楽の話をしているようだ。／bring back、brought backの最後の子音は脱落のイメージで「ブリン(グ)ベアッ(ク)」「ブロー(ト)ベアッ(ク)」のように発音しよう。／2ライン目のbrought back fromのfromは非常に弱く発音されている。

HARD 053

bring in ～を持ち込む、～を取り入れる、～を呼び込む

Let's bring a new expert in,
レッツブリンガ ニュー エクスパ～リン

who can bring in a larger profit.
フーキャンブリングイナ ラーヂァプラーフィト

She should bring in a new system
シーシュドブリングイナ ニュー スィステム

to bring in more foreign customers.
トゥブリングインモーァ フォーリンカスタマァズ

訳 新しい専門家に参加してもらおう、／より大きな収益をもたらすような人に。／新しいシステムを導入して、／海外顧客数を拡大してくれる人が望ましい。

解説
bring in ～で「～を導入する、もたらす」イメージ。／1拍目の「ドン」を待ってからラップが始まる。どのラインも文は短いが、リズムの取り方が難しいかもしれない。

Wrap-up Rap!

まとめのRap

Listen! 054 Repeat! 055 Try! 056

You wanna test me? Bring it on.
ユーワナテスト ミー ブリンギロン

I'll bring back the boom bap like KRS-One.
アイゥブリングベァック ザ ブームベァップライクケィアレスワン

I'll bring up your blood pressure till your neck hurts.
アイゥブリンガッピョァブラッドプレシャァ ティゥユアァネックハ～ツ

You better hurry up and bring in an expert.
ユーベタァハ～リアペンドブリンギンナンネクスパ～ト

訳 俺を試したい？ かかってきな。／KRS-Oneみたいにブーンバップを復活させてやる。／首が痛くなるまでお前の血圧を上げてやる。／急いで専門家を呼んだほうがいい。

解説
90年代ヒップホップ用語が盛り込まれたアッパーなラップ。／KRS-Oneはレジェンドヒップホップアーティスト。「ケィアレスワン」のように発音しよう。／boom bapは、90年代に流行したヒップホップのスタイル。思わず首を振りたくなる太いビートが特徴。your neck hurts（首が痛くなる）という歌詞はそれに由来している。／2ライン目のbring backとboom bapでフロウ（節回し）を合わせている。

Check it out!

KRS-Oneの1stアルバム"Return of the Boom Bap"リリースから30年。今もBoom Bapは世界中のファンを魅了し続けている。

Verb 3

Beat by
EVISBEATS

call [kɔ́ːl]

▶ガイドあり　▶ガイドなし

Check the basics!

callの[ɔː]はあごを下げて口の中を開いて、喉から「オー」と、音を伸ばして発音する。無理やり伸ばすのではなく、喉をリラックスさせるイメージで言ってみよう。

今回のフレーズ

- **call in[into]**
- **call out**
- **call for**
- **call on**

＼まずは口慣らし！／
Practice Rap

057

call
コーゥ

Call me Josh.
コーゥミーヂョーシュ

They called me in.
ゼイコーゥドミーイン

I'm gonna call for it.
アイムゴナコーウフォーァイット

I'll call you.
アイゥコーゥユー

I'll call you an Uber.
アイゥコーゥユーアンウーバァァ

Should I call out?
シュドアイコーゥアウト

Did you call on him?
ディヂューコーゥオンヒム

訳 ～を呼ぶ／電話するね。／ジョシュと呼んでください。／君にウーバーを呼んであげるよ。／彼らが僕を招き入れた。／僕が呼びかけるべきかな？／それを要求します。／彼を訪ねたの？

EASY 058

call in[into] （専門家など）を呼ぶ、～に電話する、（注文など）を入れる

Because the host called in sick,
ビコーズザホウスト コーゥディンスィック

the radio program called in an expert.
ザレイディオウプロウグレアムコーゥディナネクスパ～ト

A listener called into the show.
アリスナァ コーゥディントゥーザショウ

He called in an order for lunch.
ヒーコーゥディンナンノーダァフォーァランチ

訳 司会者が電話で病欠を伝えたので、／ラジオ番組は専門家を呼んだ。／リスナーが番組に電話をかけてきた。／彼は昼食の注文をした。

解説
リスナーの電話は間違い電話？　いたずら電話？／call in sickはイディオムで「病欠の連絡を（電話で）入れる、ずる休みをする」。／2ライン目、called in an expertは連結（Skill 6）の連続で「コーウディナネクスパ～ト」のようになる。

NORMAL 059

call out ～を非難する、（～を）大声で呼ぶ、～を読み上げる

The referee needs to be called out.
ザレフリー ニーヅトゥビーコーゥダウト

That's why she called out in protest.
ザッツワイシーコーゥダウトインプロウテスト

Then the referee called out a foul.
ゼンザレフリー コーゥダウラファウゥ

Finally, they called out the winners.
ファイナリゼイコーゥダウトザウィナァズ

訳 あのレフェリーは非難される必要がある。／だから彼女は抗議の声をあげた。／そして、レフェリーは反則を取った。／最後に、勝者がアナウンスされた。

解説
call out in protestで「抗議の声をあげる」。／有名人・企業の不誠実な態度や発言を厳しく追及して、業界追放や謝罪を求める動きはcall-out cultureと言われたりもする。／4ライン目、Finally, theyを一気に言おう。

NORMAL 060

call for ～を呼び求める、～を求めて電話する、～を必要とする

The victory called for a celebration,
ザヴィクトリィコーウドフォーァアセレブレイション

so my friends called for me to come.
ソウマイフレンヅコーウドフォーァミートゥカム

They already called for a reservation.
ゼイオーゥレディコーウドフォーァアリザヴェイション

The driver called for us from the street.
ザドライヴァァコーウドフォーァアスフラムザストリート

訳 勝ったからお祝いしないと、／ということで友人から呼ばれた。／予約の電話は彼らがすでに入れていた。／運転手は通りから僕らを呼んだ。

解説
The victory calls for a celebrationは、「勝利にはお祝いが必要だ」という意味で、「勝ったのでお祝いしよう」ということ。／called forのdは軽く発音しよう。／最後のラインのリズムが難しいかもしれない。カタカナを助けにして何度も聞いてみよう。

NORMAL 061

call on （教室などで）～を指名する、～を訪問する、～を呼び寄せる、～に電話する

Because the teacher never calls on my son,
ビコーズザティーチャァ ネヴァァコーゥゾンマイサン

I called on my husband for support.
アイコーゥドンマイハズバンド フォーァサポート

We decided to call on his teacher.
ウィーディサイディドトゥコーロンニズティーチャァ

So I called her on her cell phone.
ソウアイコーウドハ～オンハ～セゥフォウン

訳 先生は息子を当てない（指名しない）ので、／私は夫に協力を呼びかけた。／そこで私たちは先生を訪問することにした。／そして彼女のケータイに電話した。

解説
call A on Bで「AのB（電話）に電話する」。／1ライン目が長くて難しいがよく聞いてまねしよう。／3ライン目のcall on his teacherではon hisのhがほぼ落ちて、「コーロンヒズ」ではなく「コーロンニズ」のようになっている。

Wrap-up Rap!

まとめのRap

Listen! 062 / Repeat! 063 / Try! 064

We've never called for this negative outpour.
ウィヴネヴァコーゥドフォズィスネガティヴアウトポーァ

Calling on his supporters to gather outdoors.
コーリンノンニズサポータァズトゥ ギャッザァアウトドーァズ

Calling into TV shows to get attention,
コーリンニンヌティーヴィーショウズトゥゲッラテンション

but all he gets is called out for what he mentions.
バローゥヒーゲッツズコーゥダウト フォーァワットヒーメンションズ

訳 我々はこんなネガティブ発言を求めたことはない。／彼の支持者に屋外に集まるよう呼びかけて。／注目を集めるためにテレビに電話して、／でも、それで彼が得るのは言ってることへの批判だけ。

解説
outpourは「大量の放出」「感情のほとばしり」を表し、negative outpourで「(常に繰り返される) ネガティブ発言」という意味。／2ライン目のgatherは「ギャッザァ」のように長めに言っている。少しトリッキーなフロウ。／3ライン目のcalling intoはアメリカ発音でintoのtが飲まれ、「コーリンニンヌ」のようになる。

Check it out!
call-out cultureは「炎上」目的ではなく、あくまでも不道徳に対しての制裁を求める手段。2010年代後半から活発化した。

Verb 4

Beat by
DJ Mitsu the Beats

come [kʌ́m]

▶ガイドあり ▶ガイドなし

Check the basics!

「来る」という意味に近いものに加え、偶然性や結果などを表す句動詞も見ていこう。comeは単体で発音するときには「カム」ではなく、「カm」で、最後に母音（u）が入らない。だから後ろに母音が来たときSkill 6の連結が起こる（例：come across=カマクロス）。

今回のフレーズ

- come up
- come across
- come along
- come out

＼まずは口慣らし！／
Practice Rap

065

come
カム

Come here!
カムヒアァ

May I come in?
メイアイカムイン

Come on in.
カモンイン

I'm coming up.
アイムカミンナップ

Did you come across him?
ディヂューカムアクロースヒム

Come along with me.
カムアローングウィズミー

It'll come out.
イロウカムアウト

訳 来る／ここに来て！／入ってもいいですか？／入ってください。／そっちに上がるよ。／彼とばったり会った？／一緒に来て。／きっと出てくるよ。

EASY 066

come up 上がる、昇る、(家などに)立ち寄る、近付く、(問題などが)持ち上がる

I came up with an idea.
アイケイマップウィズアンナイディーア

Since the full moon is coming up,
スィンスザフゥムーンニズカミンナップ

why don't you come up to the lookout?
ワイドウンチューカマップトゥザルッカウト

My friends are coming up with some drinks.
マイフレンヅアーカミンナップウィズサムドリンクス

訳 いいアイデアを思いついたよ。／満月が昇ってくるから、／展望台まで来ないか？／友達がドリンクを持って来てくれるんだ。

解説
come up with 〜で「〜を思いつく」。／lookoutは「見張り台、展望台」。／4ライン目のmy friends areは一気に「マイフレンヅアー」のように言っている。

EASY 067

come across 〜を横切る、〜に偶然会う、〜を偶然見つける

I came across the street.
アイケイマクロースザストリート

Then I came across my ex.
ゼンナイケイマクロースマイエクス

She said she came across my website.
シーセドシーケイマクロースマイウェブサイト

How did she come across it?
ハウディドシーカマクロースイット

訳 通りを渡って来たら、／元恋人に出くわした。／彼女は偶然僕のウェブサイトを見つけたって。／そんなものどうやって見つけたんだ？

解説
come acrossは何かを横切るイメージ。そこに「偶然」のニュアンスが含まれている(偶然出くわす)。／3ライン目のShe said sheを一気に「シセシー」ぐらいのリズムで言おう。／どのラインも「ドン・タン」を待ってからラップし始めている。

EASY 068

come along 現れる、一緒に来る、うまくいく、進む、上達する

The shuttle bus will come along soon.
ザシャロゥバスウィゥカマローングスーン

Do you mind if I come along too?
ドゥユーマインドイファイカマローングトゥー

How's your day coming along?
ハウズユアァデイ カミングアローング

Do you wanna come along and join?
ドゥユーワナカムアローングエァンドヂョーイン

訳 シャトルバスがもうすぐ来るよ。／一緒に行ってもいい？／今日はどんな調子？／一緒に来て参加しない？

解説
バス停で友達に会ったときに軽くかわす挨拶のような一節。／Do you mind if～は「～してもいいですか？」と許可を求める言い方。／1・2ライン目は「ドン・タン」を待ってからラップし始める。／3ライン目は「ドン」を待って「タン」のタイミングでHow'sを言う。

EASY 069

come out 現れる、～という結果になる、明らかになる

How did your book come out?
ハウディヂョァブックカムアウト

I guess it came out quite well.
アイゲスイットケイマウトクワーイトウェゥ

When will your book come out?
ウェンウィゥユアァブックカマウト

It'll come out in the end of July.
イロゥカムアウト インズィエンダヴヂュラーイ

訳 本の出来はどうだった？／なかなかうまくできたと思うよ。／本はいつ出版されるの？／7月の終わりごろに出るよ。

解説
come outは主語が「姿を現す」、「明らかになる」という基本的なイメージを持つ。そこから「どんな具合にことが進んだか」や「出版される」などの表現にも使うことができる。／1・3ライン目は「ドン・タン」を待って、2ライン目は「ドン」を待ってからラップ。

Wrap-up Rap!

まとめのRap

Listen! Repeat! Try!
070 071 072

Come up on the stage and grab the MIC.
カマポンザステイヂエァンドグレァブザエマイスィ

Bust a flow and make the people come across the street.
バスタフロウエァンド メイクザピーポゥ カマクロースザストリート

Come along with the movement like "Stop the Violence."
カマローングウィズザムーヴメントライクスターブザヴァイオレンス

We make the city come out and rock the party.
ウィーメイクザスィティカマウトエァンドラクザパーティ

訳 ステージに上がってマイクをつかめ。／フロウをカマして、通行人を呼び寄せろ。／Stop the Violenceムーブメントみたいに共に行こう。／町おこしだ。パーティーを盛り上げろ。

解説

MICはmicrophoneの略。「マイク」とも言うが、ここでは韻を踏むため「エマイスィ」(エム・アイ・スィー)と発音している。／Bust a flowで「フロウをカマせ!」ぐらいの意味。／rock the partyは「partyを盛り上げる」。／Stop the Violenceとrock the partyは、音節とリズムをそろえている。／Stop the Violenceは80年代後半、ラッパーのKRS-Oneが中心となり実施された暴力の連鎖を止めるための活動。

Check it out!

誰かをまねるのではなく自分に誇りを持ち、それを表現するのがヒップホップ。KRS-One先生の教えの通り、基本ができたら自分のスタイルを探そう!

Verb **5**

Beat by
EVISBEATS

cut [kʌ́t]

ガイドあり　ガイドなし

Check the basics!

「切り取る」という基本イメージのある単語で、遮ったり、割り込んだり、削減したりと、元の単語の意味から想像しやすい句動詞が多い。**日本語的に「カット」ではなく「カッt」のようなイメージを持つと言いやすいかもしれない。**

今回のフレーズ

- **cut down**
- **cut in**
- **cut out**
- **cut off**

＼まずは口慣らし！／

Practice Rap

073

cut
カット

They cut costs.
ゼイカットコースツ

I'm gonna cut it down.
アイムゴナカットイットダウン

Please just cut it out.
プリーズヂャストカットイットアウト

Cut it.
カリット

Cut a pizza into eighths.
カラピーツァイントゥーエイツ

Don't cut in line.
ドウントカットイン ラーイン

Don't cut me off.
ドウントカットミーオーフ

訳 ～を切る／それを切れ。／彼らはコストを削減した。／ピザを8切れに切ってください。／僕がそれを切り倒します。／列に割り込むな。／お願いだからもうやめて。／私を遮らないで。

NORMAL 🎤074

cut down ～を切り倒す、縮小する、削減する、～を値下げさせる

They sell trees they cut down,
ゼイセゥトリーズゼイカットダウン

and want to cut down on costs.
エァンドワーントゥ カットダウンノンコースツ

They cut down on packaging,
ゼイカット ダウンノンペァキヂング

so they can cut the price down.
ソウゼイキャン カットザ プライスダウン

訳 彼らは切り倒した木を売っていて、／そのコストを削減したいそうだ。／梱包のコストを削減したから、／値下げができるようになった。

解説
cut down on ～で「～を削減する」。／4ライン目、cut the price downは少しトリッキーなリズム。price downを一気に言うイメージ。

NORMAL 🎤075

cut in ～に割り込む、～を中断する、～に分け前を与える

First, he cut in line,
ファ～ストヒーカットインラーイン

then he cut in our conversation.
ゼンニーカットインアウアァ カンヴァセイション

He was to be cut in on the profit.
ヒーワズトゥビー カットイン オンザプラーフィト

But I don't like it when people cut in.
バライドウントライキットウェンピーポゥカットイン

訳 まず彼は列に割り込み、／次に僕たちの会話にも割り込んできた。／彼には収益の分け前を与える予定だった。／だけど割り込んでこられるのは好きじゃない。

解説
この後に出てくるcut offと意味が似ているが、cut offの方には「遮断」のニュアンスがあり、cut inは「割り込み」感が強い。／cut A in on Bで「AにBの分け前を与える」。／2ライン目then heはheのhが落ちて「ゼンニー」のようになっている。

NORMAL 🎤🎤 🎧076

cut out ～を切り取る、～を断つ、～をやめる、(be cut out for ～で)～に適している

I cut out my pictures from magazines,
アイカラウトマイピクチャズフラムメァガズィーンズ

and realized I'm not cut out for TV.
エァンドリーアライズダイムナットカラウトフォーァティーヴィー

I started cutting out carbs to lose weight,
アイスターティドカティンナウトカーブストゥルーズウェイト

so they won't cut me out from the video.
ソウゼイウォウントカットミーアウトフラムザヴィーディオウ

訳 雑誌から自分の写真を切り取っていて、／自分がテレビ向きじゃないと気づいたよ。／やせるために炭水化物をやめることにした、／そうすれば僕はビデオからはカットされないだろう。

解説
メディアに出る仕事をしている人の独白のようなラップ。／be not cut out for ～で「～に向いていない」。／carbsは「炭水化物」。／1ライン目のfromはとても弱く発音されている。

HARD 🎤🎤🎤 🎧077

cut off ～を中断する、(行く手や話など)を遮る、～を切り取る

When I was speaking, my employee cut me off.
ウェナイワズスピーキング マイエムプロイイーカトミーオーフ

Then my meeting was cut off because of him.
ゼンマイミーティングワズカトオーフ ビコーザヴヒム

So, I said I'll cut off his salary.
ソウアイセダイウカローフ ヒズセァラリィ

Sometimes you have to cut off people.
サムタイムズユーヘァフトゥ カローフピーポゥ

訳 話してたら、社員に遮られた。／それで彼のせいで会議が中断してしまった。／だから彼の給料の支払いを止めると言ったんだ。／ときには人との関係を切る必要があるよ。

解説
なかなか厳しい職場かもしれない。／人の話を遮るときはcut 人 off(～の話を遮る)の用法。／4ライン目のSometimes youは前の小節から入ってとても弱く発音されている。

Wrap-up Rap!

まとめのRap

Listen! Repeat! Try!
078 079 080

You've gotta cut off ties with bad influences.

ユーヴガッタカロフタイズウィズベァドインフルエンスィズ

Cut down on vices that weaken your brain strength.

カットダウンノンヴァイスィズゼァトウィーケンユアァブレインストレングス

Cut in the line and keep on moving in stealth.

カリンザラーインネァンドキポーンムーヴィンニンステウス

Cut out the middle man and just do it yourself.

カラウト ザミドゥメァネァンドヂャストドゥーイットユアァセウフ

訳 悪影響なものとは手を切らなきゃ。／クリアな思考の妨げになる悪習を減らすんだ。／その列に割り込んでこっそりと動き続けろ。／中間業者をすっ飛ばして自分でやればいい。

解説
gottaはgot toの口語体で「〜しなくちゃ」ぐらいの意味。／cut off ties with 〜は「〜とのつながりを断つ」。／viceは「悪いもの、悪習」。／move in stealthは「気づかれないように（こっそり）動く」。／the middle manは「中抜きをするような業者、人物」のこと。

Check it out!

「DIY」という略で日本でもなじみ深い"Do It Yourself"。ラッパー含めあらゆるプロにとってセルフプロデュース力が重要になってきている。

Verb 6

Beat by
DJ Mitsu the Beats

get [gét]

▶ガイドあり ▶ガイドなし

Check the basics!

英語の会話の中でも特に出現頻度の高い単語。さまざまな意味を持つので、ぜひ使いこなしたい。get、gotは後ろに子音が来れば脱落（Skill 4）、後ろに母音が来ればフラップT（Skill 8）が発生することがある。

今回のフレーズ

- **get back**
- **get down**
- **get on**
- **get out**

＼まずは口慣らし！／

Practice Rap

081

get
ゲット

I got a present from her.
アイガットアプレゼントフラムハ～

Get back here.
ゲットベァックヒアァ

Get on with it.
ゲットオンウィズイット

I don't get it.
アイドウントゲットイット

Don't get me wrong.
ドウントゲットミーローング

Let's get down!
レッツゲットダウン

Let's get out of here.
レッツゲットアウトアヴヒアァ

訳 ～を得る／わかりません。／彼女からプレゼントをもらった。／誤解しないで。／ここに戻ってこい。／やっちゃおう！／さっさと取りかかろう。／ここから出よう。

EASY 082

get back 戻る、(get back to ～で)～に連絡をする

If I get back home early today,
イフアイゲットベァックホウムア～リィトゥデイ

let's get back to work right away.
レッツゲットベァックトゥワ～クライタウェイ

I really need to get back on track.
アイリァリニードトゥゲットベァックオントレァク

Let me get back to you again later.
レットミーゲットベァックトゥユー アゲンレイタァ

訳 今日早く帰宅したら、／すぐに仕事に戻ろう。／元の軌道（ルーティン）に戻らなくちゃ。／またあとで連絡するよ。

解説
get back on trackで「軌道に戻る」。／get backには「～を取り戻す、～に復讐する」という意味もある。／get backはgetのt音が消えるか、ほとんど聞き取れない感じで発音される（Skill 4 脱落）。

EASY 083

get down 降りる、～を落ち込ませる、(get down to ～で)～に取りかかる

I need you to get down from there.
アイニーヂュートゥゲットダウンフラムゼアァ

Don't let the past get you down.
ドウントレットザ ペァストゲッチューダウン

Once you get down here,
ワンスユー ゲットダウンヒアァ

let's get down to business.
レッツゲットダウントゥビズニス

訳 そこから降りてきてほしいんだ。／過去を振り返って落ち込まないで。／君がここに降りてきたら、／仕事に取りかかろう（本題に入ろうか）。

解説
高いところから飛び降りようとしている人に声をかけているのだろうか？／1ライン目のneed you、2ライン目のget youは同化（Skill 7）して「ニーヂュー」「ゲッチュー」となる。／1ライン目のfrom、4ライン目のtoは非常に軽く発音されている。

EASY 084

get on ～に加入する、～に乗る、うまくやっていく

Do you wanna get on the team?
ドゥユーワナ ゲロンザティーム

Then you need to get on that bus.
ゼンユーニードトゥ ゲロンゼアトバス

Or just get on your feet.
オーアヂャスト ゲロンニョアフィート

And get on top of it.
エァンドゲロン ターパヴィット

訳 チームに入りたいの?／じゃあ、あのバスに乗りなよ。／もしくは歩いて行くんだ。／そしてうまくやれよ。

解説
get on your feetは「自分の脚に乗る」から「立つ、自立する」の意味。ここでは「歩いて行きなよ」ぐらいの意味。／get on top of ～は「～のトップに立つ」「～を掌握する」「～をうまくやる」。／get onはtがラ行のようになるフラップT (Skill 8)。

NORMAL 085

get out 出ていく、～を出す、(秘密などが)ばれる

We need to get them out of here.
ウィーニードトゥゲレムアウトアヴヒアァ

How did the secret get out?
ハウディドザスィークリトゲラウト

Word got out about our work.
ワ～ドガラウト アバウトアウアァワ～ク

We've gotta get out of Japan.
ウィーヴガラゲラウトアヴヂャペァン

訳 彼らをここから出してやらなきゃ。／どうして秘密がばれたんだ?／俺たちの仕事が暴露された。／日本から脱出しないと。

解説
何か危ない仕事の話をしているのだろうか?／get A out of Bで「AをBから出す」。／get out of ～で「～から出る」。／wordはここでは「事実・うわさ」。／1ライン目のget them out of hereは極端にルーズに言うと「ゲレマウロヒァ」のようになる。

Wrap-up Rap!

まとめのRap

Listen! Repeat! Try!
086 087 088

Let's take it to the next level when I get back.
レッツテイキトゥザネクストレヴェウ ウェナイゲットベァック

I wanna get down to brass tacks.
アイワナゲットダウントゥ ブレァステァクス

We need to stop talking and get on with it.
ウィーニードトゥスターブトーキングエァンド ゲットオンウィズイット

It's time to get up, get out and get busy.
イッツタイムトゥ ゲラップ ゲラウレァンドゲットビズィ

訳 戻ったら一歩を踏み出そう。／本題に入りたいんだ。／話してばかりいないで行動し始めないと。／起き上がり、外に出て、どんどん動くべきときだ。

解説
brass tacksは「物事の核心」。もともとの意味は「真鍮（しんちゅう）の鋲（びょう）」。/ Get on with it.は決まり文句で、「取りかかれ。」という意味。／get busyも同じような意味で「仕事に取りかかる」ということ。／最後の1文はアトランタのヒップホップデュオOutKastの「Git Up, Git Out ft. Goodie Mob」が元ネタ。／1ライン目のLet'sや、4ライン目のIt's time toが非常に軽く発音されている。

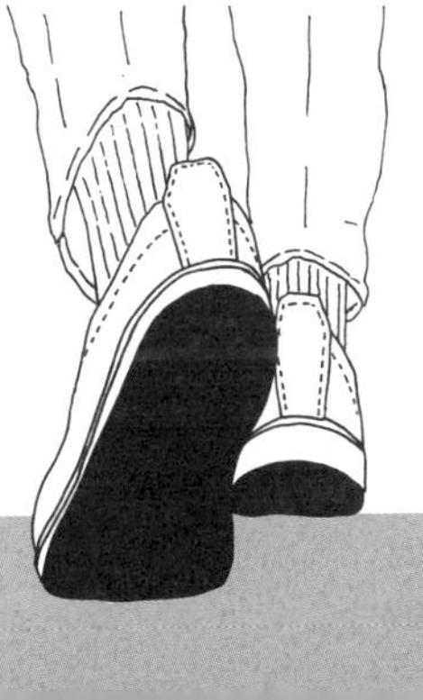

Check it out!
頭を上下に振ったり、ラッパーがよくやるジェスチャーをまねしてやってみよう。体が動けば言葉もリズムに乗せやすくなる。

Verb 7

Beat by
EVISBEATS

give [gív]

▶ガイドあり ▶ガイドなし

Check the basics!

「あげる」「与える」が基本の意味にあるgive。give inやgive upのように何かを「あきらめる」ような句動詞がある。日本語式に「ギブ」と、最後に「ウ」の母音を残さないようにしよう。次に母音が来るときは連結（Skill 6）を心がけよう。

今回のフレーズ

- **give out**
- **give in**
- **give up**
- **give away**

＼まずは口慣らし！／

Practice Rap

089

give
ギヴ

Give it to me.
ギヴィトトゥミー

I'll give you a present.
アイゥギヴユーアプレズント

Let's give it a try.
レッツギヴィトアトラーイ

I'm gonna give it out.
アイムゴナギヴィットアウト

I won't give in.
アイウォウントギヴィン

I don't wanna give up.
アイドウントワナギヴアップ

Let's give it away.
レッツギヴィラウェイ

訳 ～を与える／それをちょうだい。／プレゼントをあげます。／やってみよう。／それを配布します。／降参しないぞ。／あきらめたくない。／あげちゃえ。

EASY 090

give out ～を公表する、～を外に出す、～をあげる、動かなくなる、へたばる

I can't give out this news yet.
アイキャント ギヴァウト ズィスニューズイェト

But she's giving out cookies.
バトシーズ ギヴィンナウト クッキィズ

He gave out a cry of joy.
ヒー ゲイヴァウラ クラーイアヴヂョイ

Then his knees almost gave out.
ゼンニズニーズオーゥモウストゲイヴァウト

訳 まだ公には言えないんだけど。／彼女がクッキーを配るんだ。／彼は嬉しくて声をあげた。／そして膝から崩れそうになった。

解説
クッキーが大好きな人が大喜びで膝から崩れ落ちている…？／give outはhis knees give outのように「～がへたばる」という意味にもなる。／4ライン目のThen his kneesはhisのhが落ちてThenの最後とくっつき「ゼンニズニーズ」のようになっている。

NORMAL 091

give in ～を提出する、降参する、負ける

Our country won't give in to terrorism.
アウアァカントリウォウントギヴィントゥテロリズム

And I won't give in to my boss's request.
エァンナイウォウント ギヴィン トゥマイ ボースィズリクウェスト

I'll give in my resignation tomorrow.
アイゥギヴィンマイレズィグネイション トゥモーロウ

You shouldn't give in so easily either.
ユーシュドントギヴィン ソウイーズィリーイーザァ

訳 僕たちの国はテロに屈しない。／僕も上司の要求は飲まないぞ。／明日辞表を提出するよ。／君も簡単に流されちゃダメだ。

解説
上司からどんな要求があったのだろうか…？／give inの発音はSkill 6の連結を思い出そう。／give in to ～で「～に降参する・屈する」。／1ライン目のcountry won'tのところを一気に詰めて言うとリズムに乗れる。

NORMAL 092

give up あきらめる、(悪い習慣など)をやめる、(give oneself upで)没頭する

You are giving yourself up to sadness.
ユアァギヴィンニョアァセウフ アップトゥセァドネス

Don't give up before you try.
ドウントギヴァップ ビフォーァユートラーイ

Never give up on your dream.
ネヴァギヴァップオンニョ ドリーム

That's why you should give up alcohol.
ゼァッワイユーシュド ギヴァッパウコホーゥ

訳 君は悲しみに浸っている。／やる前にあきらめるな。／夢を捨ててはいけない。／だから酒をやめて。

解説
日本語でも「ギブアップ」と言うが、何かをあきらめたり、やめたりするときにgive upを使う。それとは違う意味として、give oneself up to 〜で「〜に没頭する」がある。／4ライン目give up alcoholは「ギヴァッパアウコホーゥ」のように連結(Skill 6)が連続する。

HARD 093

give away 〜を手放す、(秘密など)をばらす、〜を表に出す、〜をただでやる

He gave the inside information away.
ヒーゲイヴズィインサイドインフォメイションナウェイ

His expression gave nothing away.
ヒズエクスプレッション ゲイヴナスィングアウェイ

But his voice gave away his guilt.
バトヒズヴォーイス ゲイヴアウェイヒズギウト

In the end, his wife gave the secret away.
インズィエンド ヒズワイフ ゲイヴザスィークリトアウェイ

訳 彼は内部情報を渡してしまった。／彼の表情からは何もばれなかった。／でも声に彼の罪悪感が出ていた。／とうとう妻がその秘密をばらした。

解説
give awayは「手放す」のニュアンス。無料で何かをあげるときによく使う。／4ライン目、gave the secret awayが忙しい。

Wrap-up Rap!

まとめのRap

Listen! Repeat! Try!
094 095 096

Never give away plans before you make a move.
ネヴァギヴァウェイプレァンズビフォユーメイカムーヴ

Never give in to the urge to eat junk food.
ネヴァギヴィントゥズィア～ヂトゥ イートヂャンクフード

Never give out a cry over spilled milk.
ネヴァギヴァウト アクラーイ オウヴァアスピウドミウク

Never give up on what you believe and think.
ネヴァギヴァップ オンワチュー ビリーヴエアンドスィンク

訳 実行する前に計画を漏らすな。／ジャンクフードを食べたい衝動に負けるな。／こぼれたミルクに叫ぶなよ。／信じて考えたことをあきらめるな。

解説
文頭がneverで統一され、たたみかける感じとなり、勢いが出る。ラップでもよく使われる手法(「頭韻」に近い)。／the urge to ～は「～したいという衝動」。／Never give out a cry over spilled milk.はDon't cry over spilled[spilt] milk.(こぼれたミルクに嘆くな、覆水盆に返らず)のもじり。

Check it out!
ラップにはdos and don'ts(しろ、するな)的なメッセージや自己実現トピックが多い。繰り返し言うことで力や自信が湧いてくるのを感じよう!

Verb 8

Beat by
DJ Mitsu the Beats

go [góʊ]

ガイドあり　ガイドなし

Check the basics!

goは、go to ～（～に行く）以外にもいろいろな使い方がある。「行く」という元の意味から、自発的なイメージの句動詞が多い。発音は「ゴー」ではなく二重母音の「ゴウ」（Skill 3）。過去形wentや三人称単数現在形のgoesなどのフレーズも出てくるので、注意しよう。

今回のフレーズ

- **go for**
- **go over**
- **go ahead**
- **go through**

まずは口慣らし！

Practice Rap

097

go
ゴウ

Go there!
ゴウゼアァ

Go to school.
ゴウトゥスクーゥ

There he goes.
ゼアァヒーゴウズ

Let's go for it!
レッツゴウフォーイット

Let me go over it.
レットミーゴウオウヴァァイット

Let's go ahead!
レッツゴウアヘッド

I'm gonna go through it.
アイムゴナゴウスルーイット

訳 行く／そこに行け！／学校に行きなさい。／ほら、彼だよ。／がんばろう！／確認させてください。／さあ行こう！／僕が確認するよ。

EASY 098

go for ～を求めて出かける、～をやってみる、～が好き

Let's go for some drinks.
レッツゴウフォーサムドリンクス

Or should we go for some food?
オーァシュドウィーゴウフォーサムフード

Why don't we just go for both?
ワイドウントウィー ヂャストゴウフォーボウス

Well alright then, let's go for it!
ウェローゥライトゼン レッツゴウフォーイット

訳 飲みに行こうよ。／それとも何か食べる？／両方行っちゃおう！／よっしゃ、行きましょ！

解説
go for ～は「～を求めて出かける」という使い方が多い。／go for itは「行こう！（やろう！がんばろう！）」の決まり文句。／4ライン目Well alright thenは連結で「ウェローゥライ（ト）ゼン」のようになっている。

EASY 099

go over ～を確認する、～を見直す、～を超える、（主語が）受け入れられる

My presentation went over badly.
マイプレゼンテイションウェント オウヴァァベァドリィ

I'll go over the schedule.
アイゥ ゴウオウヴァァザスケヂューウ

Let's go over the plan
レッツ ゴウオウヴァァザプレァン

so we don't go over budget.
ソウ ウィードウントゴウオウヴァァバヂェト

訳 僕のプレゼンの受けが悪かった。／スケジュールを確認しよう。／計画を見直そう／予算を超えないように。

解説
go over badlyは「（主語が）うまくいかない・受け入れられない」。反対はgo over well。

NORMAL 100

go ahead 先に行く、前に行く、進む、思い切ってする

We've gotta just go ahead and do it.
ウィーヴガタヂャストゴウアヘッドエァンドドゥイット

Let's go ahead with the camping plan.
レッツ ゴウアヘッドウィズザキャンピングプレァン

Can you go ahead and get a spot?
キャンユー ゴウアヘッドエァンドゲラスパート

I'll go ahead and buy the ticket.
アイゥゴウ アヘッドエァンドバイザティキット

訳 思い切ってやっちゃおうぜ。／このキャンププランで行こうよ。／先に行って場所取ってくれる?／チケットはもう買っちゃうよ。

解説
「キャンプに行こう」をカッコよくラップで伝えるとこうなる?／go ahead and 動詞で「思い切って～する、先に行って～する」。／get a spotは「場所を取る」。

NORMAL 101

go through ～をくまなく調べる、～を見返す、～を経験する、～を通り抜ける

Let's go through this matter.
レッツ ゴウ スルーズィスメアタァ

We go through hard times,
ウィー ゴウ スルーハードタイムス

and go through dark tunnels.
エァンドゴウ スルーダークタノゥズ

So let's go through it all again.
ソウレッツゴウスルイローラゲン

訳 この問題を見直そう。／僕たちはつらいときを経験し、／暗いトンネルを通り抜ける。／だからもう一度すべて最初からやろう。

解説
tunnelsは日本語読みの「トンネルズ」ではなく「タノゥズ」のように発音しよう。／4ライン目は一気にたたみかけよう。go through it all againのところでフラップTと連結(Skill 8、6)が起こっている。

Wrap-up Rap!

まとめのRap

Listen! Repeat! Try!
102 103 104

We all go through some ups and downs.
ウィー オーゥゴウ スルーサム アップセアンダウンズ

Just go ahead, and flip that frown.
ヂャスト ゴウアヘッド エァンドフリップゼァトフラウン

Let's go over the schedule with no delay,
レッツゴウオウヴァァザスケヂューゥウィズ ノウ ディレイ

so we can go for a drink at the end of the day.
ソウウィーキャンゴウフォーァアドリンカトズィエンドァヴザデイ

訳 人生山あり谷ありだよ。／前を向いて、そのしかめっ面をひっくり返すんだ。／さあ遅れることなく予定を確認しよう、／そうすれば1日の終わりに乾杯できるから。

解説

ups and downsは「調子のいいときと悪いとき」。/ flip that frownのflipは「〜をはじく・ひっくり返す」、frownは「しかめっ面」。しかめっ面をひっくり返したら笑顔になる。／4ライン目は単語をわざとはっきり発音して、マシンガンのような雰囲気を出している。難しいが「口の筋トレ」の感覚でがんばろう。drink atまでとその後で区切る意識でやってみよう。

Check it out!

1拍に表／裏があるのをしっかり意識しよう！　頭が下がる↓ときが表、頭が上がる↑ときが裏だ！

Verb 9

Beat by
EVISBEATS

hang [hǽŋ]

ガイドあり　ガイドなし

Check the basics!

「〜をつるす」「垂れ下がる」のイメージから「ぶらぶらする」という意味の句動詞がある。発音面はSkill 2に出てきた[æ]が含まれている。「ハング」ではなく「ヘァング」のようなイメージで発音してみよう。過去形・過去分詞はhungで発音は「ハング」になる。語末のgは、bringと同じく鼻に抜けるイメージ。

今回のフレーズ

- **hang on**
- **hang up**
- **hang out**
- **hang around**

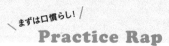

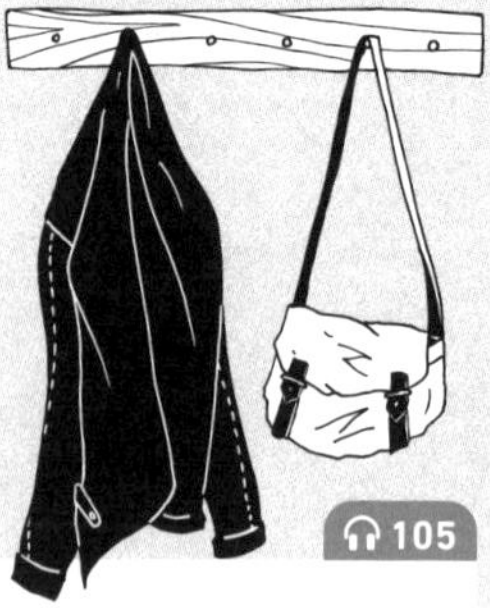

＼まずは口慣らし！／

Practice Rap

105

hang
ヘァング

Hang it.
ヘァンギット

It's hung in my room.
イッツハングインマイルーム

Hang in there.
ヘァンギンゼアァ

He's hanging on to this.
ヒーズヘァンギングオントゥズィス

Please don't hang up.
プリーズドウントヘァンガップ

Let's hang out.
レッツヘァンガウト

I'm just hanging around.
アイムヂャストヘァンギングアラウンド

訳 〜をつるす／それをつるせ。／それは私の部屋に掛かっています。／がんばれ。／彼はこれにつかまっています。／電話を切らないで。／遊ぼうよ。／ぶらぶらしているだけだよ。

EASY 106

hang on つかまる、がんばり続ける、待つ、～次第である

Hang on to the bar tight!
ヘァングオーントゥザバータイト

You've gotta hang on in there.
ユーヴガラ ヘァングオンニンゼアァ

Hang on until the others fall off.
ヘァングオンナンティゥズィアザァズフォーゥオーフ

'Cause your career hangs on this match.
カズユアァカリアァ ヘァングゾンズィスメァチ

訳 バーをしっかりつかむんだ!／そのままがんばってくれ。／他が落ちるまで待つんだ。／君のキャリアはこの試合にかかっているんだから。

解説
何の試合だろうか? リラックスしたムードでラップしているが、状況は大変そうだ。／hang on in thereはhang in thereともいい、「がんばれ」という意味になる。／3ライン目hang on untilは連結で「ヘァングオンナンティゥ」となる。

EASY 107

hang up (コートなど)を掛ける、(電話を)切る、やめる

I hung up my coat and took the call.
アイハンガップマイコウト エァンドトゥクザコーゥ

I told her not to hang up.
アイトウゥダ～ナットトゥヘァンガップ

But she said, "I hung up my hat already,"
バトシーセド アイハンガップ マイヘァトオーゥレディ

then hung up the phone on me.
ゼンハンガップザフォウンノンミー

訳 コートを掛けて電話に出たよ。／電話を切るなと彼女に伝えた。／けど彼女は「もう足を洗った」と言ったんだ、／そして電話を一方的に切られたよ。

解説
hang up one's hatで「仕事を辞める、引退する」。／hang upで「電話を切る」という意味。hang up the phoneとも言う。／2ライン目I told herはherのhが落ちて「アイトウゥダ～」のようになっている。

NORMAL 🎤🎤🎤 108

hang out ～を外につるす、～を外に垂らす、ぶらぶらして過ごす、たむろする

Tom was hung out to dry by the media.
タムワズハングアウトトゥドライバイザミーディア

He's been hanging out at a dirty hotel.
ヒーズビンヘァンギングアウト アラダ～ティホウテゥ

People can hang their feet out from the window,
ピーポゥキャンヘアングゼアフィート アウトフラムザウィンドウ

and they hang their laundry out in the back.
エァンドゼイヘァングゼアラーンドリィ アウトインザベァック

訳 トムはメディアから干されてしまったんだ。／彼は汚いホテルでだらだら過ごしている。／人々が窓から足をぶらぶら出している所で、／裏には洗濯物がつるされている。

解説
hang ～ out to dryは「～を乾かす」の他に、「～を見捨てる・仕事などから干す」という意味がある。／全体的にhang/hungのhは軽めに発音されている。

NORMAL 🎤🎤🎤 109

hang around ぶらつく、まとわりつく、一緒にいる

Back in the day I used to hang around.
ベァックインザデイアイユーストゥヘァングアラウンド

We would hang around after school.
ウィーウドヘァングアラウンド エァフタァスクーゥ

I hung around with the cool kids looking for fun.
アイハングアラウンドウィズ ザクーゥキッヅ ルッキングフォーァファン

Hanging around and doing nothing was the plan.
ヘァンギングアラウンドエァンドドゥーイングナスィングワズザプレァン

訳 昔はよくぶらぶらしてたよ。／放課後、つるんだりしてさ。／イケてるやつらと楽しいことを探してたんだ。／ぶらつくだけで何もしない、そんな計画だった。

解説
このhang aroundにはあまり意味のバリエーションはない。／doing nothing was the planと言うと、何もしないことも肯定されそうだ(?)。

Wrap-up Rap!

まとめのRap

Listen! Repeat! Try!
110 111 112

The kids I used to hang around with
ザキッザイユーストゥヘァングアラウンドウィズ

never hung up once the ringtone sounded.
ネヴァァハングアップ ワンスザリングトウンサウンディド

Hanging out every day, it never got old.
ヘァンギナウト エヴリデイイットネヴァァガットオウウド

Hang on to the good times 'cause what you got's gold.
ヘァングオントゥザグドタイムズカズワッチューガッツゴウウド

訳 昔つるんでた仲間たち／電話が鳴れば切ることもなく話してた。／毎日遊んでた、決して古びなかった日々。／いい時間を大切に、それこそが一番大事だったんだ。

解説
ノスタルジックに子ども時代を語るラップ。／it never got oldは「決して古くならなかった」。／what you got's goldは「（君たちの、私たちの）経験が金（宝）だった」。／'causeはbecauseの略。／4ライン目good timesを「グタイムズ」のように詰めて言った後すかさず'cause（カズ）を言おう。

Check it out!

hang around/hang outは「つるむ」「遊ぶ」のような意味。日本でも最近聞くようになったchill（チル）も同じようなニュアンスで使われる。

Verb **10**

Beat by
DJ Mitsu the Beats

hold [hóuld]

▶ガイドあり ▶ガイドなし

Check the basics!

holdを使った句動詞には「持ちこたえる」や「踏ん張る」のような意味を持つものが多い。発音には二重母音(Skill 3)が含まれていることに注意しよう。過去形・過去分詞はheld[héld]。

今回のフレーズ

- **hold on**
- **hold up**
- **hold out**
- **hold off**

＼まずは口慣らし！／

Practice Rap

113

hold
ホウゥド

Hold it.
ホウゥディィット

Hold it tight.
ホウゥディィットターイト

I can't hold it.
アイキャントホウゥディィット

Just hold on there.
ヂャストホウゥドンゼアァ

Hold up your hands.
ホウゥダップユアァヘァンヅ

Hold out your hands.
ホウゥダウトユアァヘァンヅ

Let's hold off on it.
レッツホウゥドーフオンニット

訳 ～を持つ／それを持って。／それをしっかり持って。／それを持てません。／そこで待ってて。／手を上げろ。／手を伸ばして。／その件は保留にしましょう。

EASY 114

hold on 持つ、待つ、持ちこたえる、踏ん張る

Hold on to your bag.
ホウゥドン トゥユアァベァグ

Hold on until I get back.
ホウゥドン アンティライゲットベァック

Hold on, stay on the phone.
ホウゥド オン ステイオンザフォウン

We'll hold on until help comes.
ウィーゥ ホウゥドン アンティゥヘゥプカムズ

訳 カバンをしっかり持って。／僕が戻るまで待つんだ。／電話を切らないでこのままで。／助けが来るまで踏ん張ろう。

解説
なかなかシリアスな状況のようだ。／hold on to ～で「～をしっかり持つ」の意味。／3ライン目のhold onは他のhold onと違い、少し間が空いているので気をつけよう。

NORMAL 115

hold up ～を持ち上げる、持ちこたえる

How are you holding up?
ハウ アーァユー ホウゥディンナップ

He asked while holding up a glass.
ヒー エァスクトワーイゥ ホウゥディンナッパグレァス

She held up her finger to her mouth
シー ヘゥダップハ～ フィンガァトゥハ～マウス

and said, "I'm holding up alright."
エァンド セド アイムホウゥディンナップオーゥライト

訳 元気でやってますか?／グラスを持ち上げながら彼は聞いた。／彼女は指を一本口元に立て／「元気にやってます」と言った。

解説
「持ちこたえる」や「持ち上げる」の意味を持つhold up。How are you holding up?は、大変なことなどがあった人に「その後、調子はどうですか?」とたずねるときに使われる。

HARD 116

hold out ～を差し伸べる、～を差し出す、辛抱する、粘る

He held out a hand to help the poor,
ヒー ヘゥダウラヘァンドトゥヘゥプザプアァ

and now holds out a sign with his co-workers.
エァンドナウホウゥヅアウト アサーインウィズヒズコウワ～カァズ

Workers are holding out for higher pay.
ワ～カァズアーァホウゥディンナウトフォーァハーイァペイ

They've continued to hold out for weeks.
ゼイヴ コンティニュードトゥホウゥダウトフォーァウィークス

訳 彼は恵まれない人を助けたくて手を差し伸べた。／そして今、同僚と看板を掲げている。／賃上げのために労働者は粘っている。／これまで何週間も耐えてきた。

解説
holdが外への方向性を持つoutと組み合わさることで、手を伸ばしたり、差し出したりの動きを感じさせる。／それぞれのラインのリズムにバリエーションがあるので、難しい。

HARD 117

hold off 近付かせない、寄せ付けない、控える、～を遅らせる

He held off from drinking for a year,
ヒー ヘゥドフラムドリンキングフォーァアイアァ

so he wants to hold off from going out tonight.
ソウヒー ワーンットゥホウゥドフラム ゴウインナウト トゥナーイト

He's been holding off from partying.
ヒーズ ビン ホウゥディンノフラム パーティイング

So we should hold off from inviting him.
ソウウィーシュドホウゥドフラム インヴァイティングヒム

訳 彼は1年間飲酒を控えていた、／だから今夜は外出したくないって。／彼はパーティーを控えてきた。／だから彼を誘うのをやめておこう。

解説
hold off from ～で、「～を控える」。／1ライン目のheld off fromのoffの最後のfとfromのfがつながって「ヘゥドフラム」のようになっている。2ライン目以降のhold off from、holding off fromも同様。

Wrap-up Rap!

まとめのRap

Listen! 118 Repeat! 119 Try! 120

Every day's a struggle but you've gotta hold on.

エヴリデイズアストラグゥ バチューヴガッタホウゥドン

Hold off from giving in; keep your mind strong.

ホウゥダーフラムギヴィングイン キーピョアァマインドストローング

If you're stuck, hold up, don't let the pressure getcha.

イフユアァスタクホウゥダップ ドウントレットザプレシャァゲチャ

Hold out because things always get better.

ホウゥダウトビコーズ スィングスオーウウェイズゲットベタァ

訳 毎日が苦しくても、がんばらなきゃ。／屈しないように、心を強く持って。／行き詰まっても耐えろ、プレッシャーに負けんな。／持ちこたえよう、物事は必ず良くなるから。

解説
struggleは「奮闘」。／stuckは「行き詰まった状態、手も足も出ない状態」。／getchaはget youの口語体。プレッシャーにあなたをしとめ(get you)させるな、という意味。／3ライン目の前半はリズムが難しいが、キメればカッコいい。

Check it out!

「耐える」というニュアンスで使われることが多いholdの句動詞。ちなみに電話で相手を保留にすることをput ～ on holdという。

Verb 11

Beat by EVISBEATS

keep [kíːp]

▶ガイドあり ▶ガイドなし

Check the basics!

「状態を保つ」が基本の意味にある動詞。ここでは句動詞の他に、「keep it」に単語を続ける表現なども紹介する。「キープ」ではなく、最後のプは母音を入れずに破裂させるだけ（「キーp」のようなイメージ）。

今回のフレーズ

- **keep it -ing**
- **keep on**
- **keep up**
- **keep it ＋形容詞**

＼まずは口慣らし！／

Practice Rap

121

keep
キープ

Keep it.
キーピット

Keep it to yourself.
キーピトトゥユアァセウフ

Don't keep it for yourself.
ドウントキーピトフォーァユアァセウフ

Please keep it coming.
プリーズキーピトカミング

Let's keep on moving.
レッツキーポンムーヴィング

Just keep it up.
ヂャストキーピラップ

We've gotta keep it real.
ウィーヴガラキーピトリーアウ

訳（状態を）保つ／それ持ってて。／秘密にしておいて。／それを独占しないで。／そのまま続けて。／動き続けよう。／その調子でがんばって。／リアルでいなきゃいけない。

EASY 🎤 122

keep it -ing ～させ続ける

We need to keep it cooking.
ウィーニードトゥキーピトクキン

Build a fire and keep it burning.
ビゥダファーイアァ エァンドキーピトバ～ニン

Put the corn on and keep it rotating.
プットザコーンノン エァンドキーピトロウテイティン

Just keep it going for an hour.
ヂャストキーピトゴウインフォーァアンナーウアァ

訳 調理し続けることが必要だ。／火をおこし、燃やし続けろ。／トウモロコシを乗せて、回転させ続けろ。／1時間ひたすら続けるんだ。

解説
keep it -ingの形は日常会話でも頻出する。「itを～させ続ける」という意味で、この場合のitは、目の前のものや共通認識があるもの。／2、3ライン目のandがとても弱く発音されている（Skill 5）。

NORMAL 🎤 123

keep on （～を）続ける、～を着たままでいる

People keep on talking about him.
ピーポゥキーポントーキナバウトヒム

But he was kept on the team.
バトヒーワズケプトンザティーム

That's why he kept the uniform on.
ゼァッツワイヒーケプトザユーニフォーモン

He'll keep on doing his best.
ヒーゥキーポンドゥーインニズベスト

訳 人々は彼のことをしつこく話題にし続ける。／でも、彼はチームに残されていた。／だから、彼はユニフォームを着続けた。／これからもベストを尽くすだろう。

解説
keep on -ingで「～し続ける」。／keep ～ on the teamで「～をチームに残す」。he was kept on the teamはその受け身。／4ライン目のdoing his bestはhisのhが落ちている。

NORMAL 124

keep up (情報を)手に入れてついていく、～を継続する、～をがんばり続ける

You're keeping up with the news.
ユアァキーピンナップウィズザニューズ

And you've been keeping up with Sam.
エァンドユーヴビン キーピンナップウィズセァム

If you keep up this pace, you'll be fine.
イフユーキーパプズィスペイスユーウビーファーイン

Keep up the great work and you'll take the cake.
キーパップザ グレイトワ～クエァンド ユーウ テイクザケイク

訳 君は最新情報を常にチェックしている。／サムにも後れをとっていない。／この調子でいけば大丈夫だ。／このままがんばってくれれば君の優勝だ。

解説
keep up with ～で「～についていく」。／take the cakeはイディオムで「一番になる、並外れている」。／4ライン目のthe great work andを一気に言えるかがカギ。

NORMAL 125

keep it + 形容詞 ～の状態でいる

When he speaks, he just keeps it simple.
ウェンニースピークスヒーヂャストキープスィットスィンポウ

He asked his fans to keep it quiet.
ヒーエァスクトヒズフェァンズ トゥ キーピットクワーイエト

The player always keeps it real.
ザプレイアァオーウウェイズキープスィットリーアウ

You can see he wants to keep it 100.
ユーキャンスィーヒーワーンツトゥキーピトワンハンドレド

訳 彼が話すときは、とにかくシンプルだ。／彼はファンに静かにするよう頼んだ。／この選手はいつも自然体なんだ。／彼がありのままでいようとしているのがわかる。

解説
keep it 100(keep it one hundred)はスラングで「自分に正直に生きる」ということ。ヒップホップでもよく使われる表現。ニューヨークのラッパーJadakissに、その名も「Keep it 100」という曲がある。

Wrap-up Rap!

まとめのRap

Listen! Repeat! Try!
126 127 128

We've gotta keep on keeping, keeping on.
ウィーヴガッタキーポンキーピンキーピングオン

Keep it jumping like a leaping frog.
キーピットヂャンピンライカリーピングフローグ

Stay hungry and keep it foolish.
ステイハングリィ エァンド キーピットフーリッシュ

Keep up the pace and follow your true bliss.
キーパップザペイスエァンド ファーロウユアトルーブリス

訳 続けるんだ、続け続けるんだ。／跳ねるカエルのように跳び続けろ。／ハングリーであり続け、愚直であり続けろ。／ペースを保って、本当の至福を追いかけよう。

解説
ハングリーに、愚直にやっていることを続けて、跳ね上がろう、というポジティブなラップ。／blissは「この上ない喜び」。／最初の2ラインはkeeping onとleaping frogの2語で踏む韻。

Check it out!

stay hungry/foolishはスティーブ・ジョブズのスタンフォード大学でのスピーチからのサンプリング。英語学習においてもハングリーに挑むことが上達への近道。

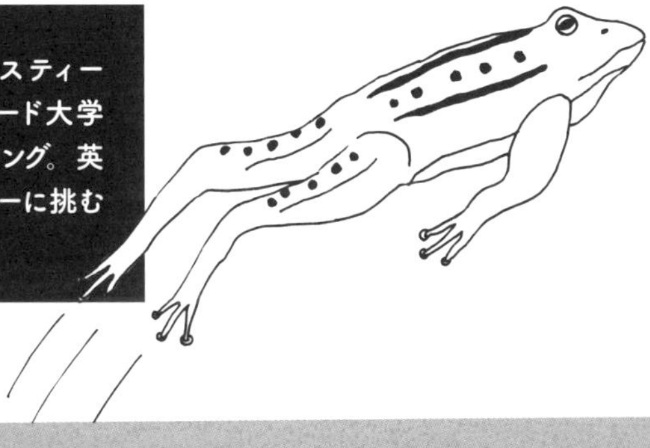

Verb 12

Beat by
DJ Mitsu the Beats

let [lét]

ガイドあり　ガイドなし

Check the basics!

letは基本的な用法がとても重要。ここでは、句動詞に加えて「let ～ 動詞の原形」(～には代名詞や名詞が入る)という基本用法も扱うのでしっかり言えるようになろう。

今回のフレーズ

- **let out**
- **let down**
- **let ～ 動詞の原形**
- **let in**

＼まずは口慣らし！／
Practice Rap

129

let
レット

Let's party.
レッツパーティ

You can let it out.
ユーキャンレリラウト

Just let it go.
ヂャストレリトゴウ

Let's do it.
レッツドゥーイット

He won't let me sing.
ヒーウォウントレットミースィング

Don't let me down.
ドウントレットミーダウン

I'm gonna let it in.
アイムゴナレリリン

訳 ～に…させる／さあやろう。／パーティーしよう。／彼が歌わせてくれない。／解き放っちゃっていいんだよ。／がっかりさせないで。／そのままにしておけ。／受け入れていこうと思う。

EASY 130

let out ～を外に出す、～を逃がす、～を釈放する、(声など)を出す

When they let out the dogs,
ウェンゼイレットアウトザドーグズ

the dogs let out a happy bark.
ザドーグズレラウトアヘァピバーク

It's like prisoners being let out,
イッツライクプリズナァズビーイングレットアウト

and letting out a big cheer.
エァンドレッティングアウトアビーグチアァ

訳 犬を外に出してあげると、／嬉しそうにほえる。／囚人を解放したときに／歓喜の声を上げるみたいに。

解説
let out ～/let ～ outどちらの形でも使う。／it's like ～ は、「まるで～みたいに」。prisoners being let outが続いて「囚人が釈放されたみたいに」となる。

NORMAL 131

let down ～を低くする、～を落胆させる、(警戒)を緩める

Sam let his guard down in the game.
セァムレットヒズガードダウンインザゲイム

His performance let his team down.
ヒズパフォーマンスレットヒズティームダウン

The fans were let down by the loss.
ザフェァンズワ～レットダウンバイザロース

Sam let his hair down to hide his tears.
セァムレットヒズヘアァダウンナハーイドヒズティアァズ

訳 サムは試合中に油断していた。／彼のプレーにチームメイトは落胆した。／ファンも負け試合にがっかりした。／サムは髪を下ろして涙を隠した。

解説
let one's guard downは「ガードを下げる、油断する」。／let one's hair downには「リラックスする」という意味もあるが、ここでは、本当に髪を垂らしている、という意味で使っている。／4ライン目のdown toはアメリカ発音で、nとtが続いたときにtが発音されない現象。「ダウンナ」のようになっている。

NORMAL 133 132

let ~ 動詞の原形 ～に…させる

Let it go if you want to move forward.
レリトゴウ イフユーワーントトゥムーヴフォーワード

Just let it happen as it comes.
ヂャスト レリトヘァップンナズィットカムズ

Get your work out and let the people decide.
ゲッチョァワ～ク アウトエァンドレットザ ピーポゥディサーイド

Also, don't forget to let yourself have fun.
オーゥソウドウントフォゲットトゥ レッチョァセウフヘァヴファン

訳 前進したいならとらわれてちゃダメだ。／物事が起こるのに身を任せるんだ。／作品を出して、人々に評価してもらおう。／あと、楽しくやることも忘れずにな。

解説
let it goは決まり文句で「放っておく」とか「そのままにしておく」という意味。何事にもとらわれない状態。let it happenも似ていて、「なすがままにしておく」のような意味。このときのitが指すものは文脈による（目の前の状況や一般的な事象を指す）。／3ライン目のwork out and let theが詰まっているが、一気に言えるように何度もトライしよう。

NORMAL 133

let in ～を招き入れる・中に入れる

When can you let in the cat?
ウェン キャニュー レリンザキャット

I'll let it in after I finish eating.
アイゥ レリリン エァフタァ アイフィニシュイーティング

Once the animal is let in,
ワンス ズィエァニマウ イズ レットイン

let's open the window to let in some air.
レッツ オウプンザウィンドウトゥ レットインサムエアァ

訳 いつ猫を入れてあげられる?／食べ終わった後で入れるよ。／その子が入ってきたら、／窓を開けて空気を入れよう。

解説
3ライン目はlet in the animalが受け身になったもの。／4ライン目がかなり難しい。口に力を入れず、ルーズにやってみよう。

Wrap-up Rap!

まとめのRap

Listen! Repeat! Try!
134 135 136

Let down your guard and feel the breeze.
レットダウンユアァガード エァンドフィーゥザブリーズ

Let it shine like the moon above the trees.
レリットシャーイン ライクザムーン アバヴザトリーズ

Let it out; breathe it in with a straight spine.
レリラウト ブリーズィリン ウィズアストレイトスパイン

Let it in from your ears, deep in your mind.
レリリン フラムユアァイアァズ ディーピンニョアマーインド

訳 警戒心を解いて風を感じよう。／木々の上の月のように輝いて。／放出しよう、背骨を伸ばして自然に呼吸。／耳から深くマインドに入るままに。

解説

poetic（詩的）なラップ。／let it shineのitは漠然としているが、この場合「今の状況」ぐらいに感じておこう。／let it out、breathe it inは「呼吸」を表している。／最後のitはこの状況で感じる「物音」や「雰囲気」を指している。／1ライン目のandは非常に弱く発音されている（Skill 5）。

Check it out!

breath controlはラップ上達に必須のテクニック。マインドフルネスなどでおなじみの呼吸法と掛け合わせて題材にした。

Verb 13

Beat by
EVISBEATS

look [lʊ́k]

ガイドあり　ガイドなし

Check the basics!

look at（～を見る）だけではないlookの使い方をここで学んでいこう。lookにいろいろな語がつくことで、「見る」のいろいろなバリエーションが表現できる。後ろに母音が来れば連結（Skill 6）、子音が来れば脱落（Skill 4）が起こりやすい。

今回のフレーズ

- look into
- look after
- look back
- look out

まずは口慣らし！

Practice Rap

137

look
ルック

Look at me.
ルックエァトミー

You look nice.
ユールックナイス

What are you looking for?
ワットアーアユールッキングフォーァ

Let me look into it.
レットミールッキントゥーイット

Look after yourself.
ルックエァフタァユアァセウフ

Don't look back.
ドゥントルックベァック

Look out for the car.
ルックアウトフォーァザカー

訳（～を）見る／私を見て。／素敵ですね。／何をお探しですか？／ちょっと調べさせてください。／お大事に。／振り返るな。／あの車に気をつけて。

EASY 138

look into ～をのぞき込む、～を調べる、～を検討する

I looked into her eyes.
アイルックティントゥーハ～アイズ

Then I looked into her heart.
ゼナイルックティントゥーハ～ハート

We had to look into the problem,
ウィーヘァドトゥ ルックイントゥーザプラーブレム

and look into fixing it.
エァンドルッキントゥー フィクスィンニット

訳 僕は彼女の瞳をのぞき込んだ。／次に心をのぞき込んだ。／僕らは問題を直視し、／解決策を検討しなきゃいけなかった。

解説
1、2、4ラインのlook into、looked intoは連結（Skill 6）でそれぞれ「ルッキントゥー」「ルックティントゥー」のようになっている。／look into -ingで「～することを検討する」。

EASY 139

look after ～の面倒を見る、～の世話をする

Can you look after my dog tomorrow?
キャニュールケァフタァマイドーグトゥモーロウ

I'll look after your shop instead.
アイゥルケァフタァユアァ シャープインステッド

If you can't look after my dog,
イフユーキャント ルケァフタァマイドーグ

it's fine, just look after yourself.
イッツファーインヂャストルケァフタァユアァセウフ

訳 明日、僕の犬の世話をしてくれない？／かわりに君のお店の店番をするよ。／もし君が僕の犬の世話をできないんだったら、／それでいいよ、お元気で。

解説
look afterは連結（Skill 6）で「ルケァフタァ」のようになる。／Look after yourself.で「お元気で。」「お大事に。」と別れの言葉となる。

NORMAL 140

look back 振り返る、回想する

Sometimes I look back at my notes.
サムタイムザイルック ベアックアトマイノウッ

Looking back, I was stupid.
ルッキングベアック アイワズステューピド

I know looking back is a bad habit.
アイノウ ルッキングベアック イズアベアドヘアビト

So let's move forward and never look back.
ソウレッツムーヴフォーワド エアンドネヴァアルックベアック

訳 たまにメモを振り返るんだ。／思い起こすと僕はバカだったな。／振り返るのは悪い習慣だって知ってる。／だから前に進もう、振り返るな。

解説
ここでの使い方は基本的にはすべて「振り返る」という意味で、バリエーションはない。／look backは脱落(Skill 4)が起こってkがほとんど聞こえない。

NORMAL 141

look out (～の)外を見る、気をつける

She was looking out for her kids.
シーワズルッキンナウト フォーアハ～キッヅ

She looked out the window.
シールックタウトザウィンドウ

Then she looked out at the sea.
ゼンシールックタウラトザスィー

She shouted, "Look out for the big waves!"
シーシャウティド ルカウト フォーアザビーグウェイヴス

訳 彼女は子どもたちを見張っていた。／彼女は窓の外をながめた。／そして海をながめた。／そして「大波に気をつけて!」と叫んだ。

解説
look out for ～で「～に気を配る・気をつける」。／3ライン目は連結(Skill 6)とフラップT(Skill 8)で、「ルッ(ク)タウラ(ト)ザスィー」のようになっている。

Wrap-up Rap!

まとめのRap

Listen! Repeat! Try!
142 143 144

She's always looking out the window.

シーゾーウウェイズルッキン アウトザウィンドウ

She can't look after herself, she's in limbo.

シーキャントルケアフタアハ～セウフ シーズィンリムボウ

Let's look back on the last semester.

レッツルックベアック オンザ レアストセメスタア

Then look into the things that stressed her.

ゼンルキントゥーザスィングスゼアトストレスタ～

訳 彼女は常に窓の外を見ている。／彼女は自分をケアできない、宙ぶらりんなんだ。／前の学期を振り返ろう。／彼女のストレス要因を調べるんだ。

解説
窓の外を見ている彼女の様子が気になる。何か手助けできないかを考えよう。／in limboは「宙ぶらりんで、不安定な状態で」という意味。limboはカトリック教会で天国と地獄の中間の場所とされる。／stressは動詞だと「～にストレスを与える」という意味。／4ライン目のstressed herはhが落ちてほとんど「ストレスタ～」のように聞こえる。

Check it out!

1、2、3、4と机をタップしながら聞くことでまずはビートの4拍をしっかりと感じよう！

Verb 14

Beat by
DJ Mitsu the Beats

make [méɪk]

ガイドあり　ガイドなし

Check the basics!

makeは基本動詞の中でも特に重要な単語で、さまざまな意味を持つ。ここでは句動詞だけでなく、「〜の状態にする」「〜させる」という意味の使い方でもラップしてみよう。**発音はSkill 3の二重母音や、Skill 6の連結をチェック。**

今回のフレーズ

- **make up**
- **make 〜 形容詞**
- **make 〜 動詞の原形**
- **make out**

＼まずは口慣らし！／

Practice Rap

145

make
メイク

Can you make it?
キャニューメイキット

Make up the group.
メイクアップザグループ

You make me happy.
ユーメイクミーヘァピィ

I'll make you dinner.
アイゥメイキューディナァ

You can make it.
ユーキャンメイキット

Make it happen.
メイキットヘァプン

I can't make it out.
アイキャントメイキラウト

訳 〜を作る／夕食を作ってあげます。／間に合う？（来られる？）／君ならできる。／グループを作り上げて。／実現させろ。／君は僕をハッピーにしてくれる。／理解できない。

EASY 146

make up ～を作り上げる、～をでっち上げる、埋め合わせをする、仲直りをする

She made up her mind,
シーメイダッパ～マインド

to make up with him.
トゥメイカップウィズヒム

She made up a long story,
シーメイダップアローングストーリィ

to make up for yesterday.
トゥメイカップフォーァイェスタデイ

訳 彼女は心を決めた、／彼と仲直りしようと。／彼女は長い話をでっち上げた、／昨日の埋め合わせをするつもりで。

解説
make up one's mindで「決心する」。／make up with ～で「～と仲直りする」。／make up for ～で「～の埋め合わせをする」。／1ライン目のmade up her mindはほとんど「メイダッパ～マイン」のようになっている。

EASY 147

make ～ 動詞の原形 ～に…させる

My boss made me do some chores.
マイボースメイドミードゥーサムチョーアズ

Hard work can make me cry.
ハードワ～クキャン メイクミークラーイ

He never makes me smile.
ヒーネヴァァ メイクスミースマイゥ

I need someone who makes me feel good.
アイニードサムワンフー メイクスミーフィーウグード

訳 上司に雑用を命じられたよ。／つらい仕事ばかりで泣きたくなることもある。／彼といても笑顔になることはない。／一緒にいて良い気分を感じられる人が必要だよ。

解説
「make + ～（人など）+ 動詞の原形」で、「～に…させる」の意味。／choreは「雑用」。／4ライン目のリズムが難しいかもしれない。I need / someone who / makes me feel good.の分け方でラップしてみよう。

NORMAL 148

make ～ 形容詞 ～を…の状態にする

That comedy made him famous.
ゼアトカーメディ メイドヒムフェイマス

It made his mom very happy.
イットメイドヒズマームヴェリィヘアピィ

His acting makes it exceptional.
ヒズエアクティングメイクスィリクセプショナゥ

It always makes me hysterical.
イットオーウウェイズメイクスミーヒステリカゥ

訳 あのコメディー映画で彼は有名になった。／それで彼の母はとても喜んだ。／彼の演技が見どころなんだ。／何度見ても笑っちゃうよ。

解説
「～を…の状態にする」でまとめた一節。／exceptionalは「例外的な、とても優れている」。／hystericalは「取り乱す、笑いが止まらない」。／3ライン目のmakes it exceptional（メイクスィリクセプショナゥ）をなめらかに言いたい。

NORMAL 149

make out ～を作り上げる、～を理解する、いちゃつく、（小切手）を書く

She made herself out to be kind.
シーメイドハ～セウフアウトトゥビーカーインド

Then she came close to make out.
ゼンシーケイムクロウストゥメイカウト

I tried to make out her motive.
アイトラーイドトゥメイカウトハ～モウティヴ

Then I made out a check.
ゼンナイメイダウラチェック

訳 彼女は優しいふりをした。／そして近付いてキスを求めた。／僕は彼女の狙いを理解しようと努めた。／そして彼女に小切手を書いた。

解説
なかなかシビアな1シーン。／make outにはいろいろな意味がある。／最後のmake out a checkは「小切手を書く」という意味で、意外な用法だがよく使われる。／言葉数は少ないが、リズムの置き方が少し難しいかもしれない。

Wrap-up Rap!

まとめのRap

Listen! Repeat! Try!
150 151 152

If she saw you make out with Tory,
イフシーソーユーメイカウトウィズトリィ

you'll have to make up a story
ユーウヘアフトゥメイカッパストーリィ

to make it look innocent and clear.
トゥメイキットルックイナセントエァンドクリアァ

When you're acting, make it believable with tears.
ウェンユアァエアクティングメイキトビリーヴァブウウィズティアァズ

訳 君がトリーといちゃついているところを彼女に見られたなら、／話を作り上げて、／やましいことはないと見せないと。／そのときは、迫真の演技で涙を流すんだ。

解説
ひどい男がひどい男にアドバイスしているようなラップ。／make 〜 look ...で「〜を…のように見せる」。／かつてはマッチョイズムが色濃かったといわれるヒップホップにも近年変化が訪れている。Lil Nas XやCardi Bなどをチェックしてみよう。

Check it out!
ライム部分のフロウと音程に注意しよう！　同じ節回しを繰り返すことでグルーヴを作るイメージで。

Verb 15

Beat by
EVISBEATS

move [mú:v]

ガイドあり　ガイドなし

Check the basics!

「動く」が基本的な意味の動詞。句動詞になっても基本的な意味を保ったものが多いので、イメージしやすいかもしれない。発音は「ムーブ」ではなく、最後に母音が残らない。Skill 1の子音[v]を思い出そう。

今回のフレーズ

- **move up**
- **move over**
- **move in[into]**
- **move on**

＼まずは口慣らし！／

Practice Rap

153

move
ムーヴ

Move it.
ムーヴィト

It's moving.
イッツムーヴィング

We have moved.
ウィーヘァヴムーヴド

I've just moved up.
アイヴヂャストムーヴドアップ

Can you move over?
キャニュームーヴオウヴァァ

We just moved in.
ウィーヂャストムーヴドイン

Let's move on.
レッツムーヴォン

訳 ～を動かす、動く／それを動かせ。／それは動いてる。／移転しました。／昇進したんです。／ちょっとどいてくれる？／引っ越してきたばかりです。／次の話題に移ろう。

NORMAL 154

move up ～を上る、(上に)移動する、(順位など)が上がる、～を前倒しにする

You can move up the ladder,
ユーキャンムーヴァップザラダァ

and move up north to a nice neighborhood.
エァンドムーヴァップノーストゥアナーイスネイバフド

You could move up the ranks before you know it,
ユークドムーヴァップザレァンクスビフォーァユーノウイット

and move up your plans and goals.
エァンドムーヴァップユアァプレァンズエァンドゴウウズ

訳 出世階段を上がれるよ／そしたら北のいい感じの地域に引っ越せばいい。／あっという間に昇進しちゃって、／予定とゴールを前倒しさ。

解説
before you know itは「あっという間に」という意味のイディオム。直訳すると「あなたがそれを知る前に」。／move upは連結（Skill 6）が起こる。／3ライン目が難しい。You could move up the ranksを言い切れれば、あとは楽になる。

NORMAL 155

move over 移動する、場所を空ける、脇へどく

You could move over to an island.
ユークド ムーヴォウヴァァ トゥアンアイランド

You can move over, now's the time.
ユーキャン ムーヴォウヴァァ ナーウズザターイム

Don't let people tell you to move over.
ドウントレット ピーポゥテゥユートゥムーヴォウヴァァ

They should move over and give you a chance.
ゼイシュドムーヴォウヴァァエァンドギヴユーァチェアンス

訳 島に引っ越したらいいんじゃない？／移動するなら今がよさそう。／人のために譲ってばかりじゃダメだ。／やつらこそ君にチャンスを譲るべきだ。

解説
let people tell you to move overは、「人々にそこをどけと言わせる」ということ。そんなことさせるな、というのがこのラップの趣旨。

HARD 156

move in[into] 進出する、(～に)入居する、近付く、同居を開始する

They're moving in on the industry.
ゼイアァムーヴィンニンオンズィインダストリィ

So they decided to move into this building.
ソウゼイディサーイディドトゥムーヴィントゥーズィスビゥディング

But once their partner in crime moves in,
バトワンスゼアァパートナァインクライムムーヴズィン

FBI agents will move in on them.
エフビーアイ エイヂェンツウィゥ ムーヴィンノンゼム

訳 彼らが業界進出を始めた。／だからこのビルに入居を決めたんだ。／でも彼らの共犯者が入居したら、／FBI捜査官が彼らとの距離を詰めてくるだろう。

解説
move in、moves inは連結(Skill 6)が起こる。／1ライン目のmoving inは「ムーヴィンニン」のような感じで発音する。／4ライン目は1拍に3つの音を入れる「3連」と呼ばれるフロウ。難しいが何度も聞いてまねしてみよう。

HARD 157

move on 進む、移る、次の議題に進める、気持ちを切り替える

You can move on from your break up.
ユーキャンムーヴォンフラムユアァブレイカップ

I moved on after my marriage failed, too.
アイムーヴドンエァフタァマイメァリヂフェイウドトゥー

I know that moving on can take time.
アイノウゼァトムーヴィンノンキャンテイクターイム

But the day will come when you can move on.
バトザ デイウィゥカムウェンユーキャンムーヴォン

訳 破局から立ち直ることはできるよ。／私も離婚の後、気持ちを切り替えた。／新しい一歩を踏み出すには時間がかかる。／でも、次に進める日は必ずやってくる。

解説
つらい失恋に対してアドバイスをしている？／move onは「先に進む」が基本の意味で、「気持ちの切り替え」も表す。／全体的にスタッカートのように歯切れよくラップしている。高難度のラップ！

Wrap-up Rap!

まとめのRap

Listen! Repeat! Try!
158 159 160

Move on if what you're doing is lukewarm.
ムーヴォン イフワッチョアドゥーインズルークウォーム

Move over and over and cover new ground.
ムーヴォウヴァァエァンドオウヴァァエァンドカヴァァニューグラーウンド

Maybe move in with your girl and find true love.
メイビムーヴィンウィズユアァガ〜レァンド ファーインドトルーラーヴ

You gotta make moves if you wanna move up.
ユーガラメイクムーヴズイフユーワナムーヴァップ

訳 生ぬるいことやってるなら変えてみよう。／動き続けて新しい場所へ行くんだ。／彼女と同居して本当の愛を見つけるのもいいかも。／上に上がりたいなら行動あるのみ。

解説
moveの基本的な意味に忠実に、「ここから新しいところへ行こう、変わるんだ」というメッセージを持つポジティブなラップ。／lukewarmは「生ぬるい」。液体などの温度が実際に「生ぬるい」という意味と、「物事が手ぬるい、中途半端だ」という抽象的な意味とがある。／1ライン目のdoing isは「ドゥーインズ」のように発音されている。

Check it out!

make movesはイディオムmake a moveの複数形。ただ動く（move）というよりは「行動を起こす」「次の手を打つ」というニュアンス。

Verb 16

Beat by
DJ Mitsu the Beats

pull [púl]

▶ガイドあり ▶ガイドなし

Check the basics!

「引っ張る」が基本の意味にある動詞。撤回や撤退に関する意味がある一方、意外にも車を止めたり発進させたりといった意味もある。これは車社会以前の交通手段である馬の「手綱を引く」ことと関係があるといわれている。

今回のフレーズ

- **pull out**
- **pull off**
- **pull back**
- **pull up**

＼まずは口慣らし!／

Practice Rap

161

pull
プゥ

Pull it.
プゥリット

Don't pull it.
ドウントプゥイット

I'm gonna pull it.
アイムゴナプゥイット

The train's gonna pull out.
ザトレインズゴナプゥアウト

You can pull it off.
ユーキャンプリットオーフ

Don't pull back!
ドウントプゥベアック

I pulled up my car.
アイプウドアップマイカーァ

訳 ～を引く／それを引っ張って。／それを引っ張らないで。／僕がそれを引っ張ります。／電車が発車しちゃう。／君ならできる。／引き下がるな!／私は車を寄せた。

NORMAL 162

pull out （車・列車が）発車する、撤退する、～を引き抜く、～を取り出す

Our leader got pulled out from our team,
アウアァリーダァガットプゥドアウトフラムアウアァティーム

so we are pulling out from the business.
ソウ ウィー アーァ プリンナウト フラムザビズニス

I pulled out my car keys,
アイプゥダウトマイ カーァキーズ

got in the car and pulled out.
ガットインザカーァ エァンドプゥダウト

訳 リーダーがうちのチームから引き抜かれた、／だから、ビジネスから撤退するんだ。／僕は車のキーを取り出し、／車に乗り込み、出発した。

解説
pull outには「引き抜く」の他に、「（車が［運転手が車に乗って］）出発する」という意味がある。／2ライン目、pulling outは連結（Skill 6）により「プリンナウト」のようになっている。／so we areをそれぞれ切るようにラップしている。

NORMAL 163

pull off 車を路肩に寄せる［止める］、～を成功させる、（コンピューターなど）から（情報など）を引き出す、（服）を脱ぐ

They pulled off the road to rest,
ゼイ プゥドーフザロウドトゥレスト

and pulled the bank address off the internet.
エァンド プゥドザベァンカドレスソーフズィインナネト

He pulled off his jacket and got ready,
ヒープゥドーフヒズヂェァケット エァンド ガット レディ

to pull off their biggest robbery.
トゥ プゥオーフゼアァビッゲストラーバリィ

訳 彼らは休憩のために路肩に車を寄せ、／ネットで銀行の住所を調べた。／彼は上着を脱いで準備を始めた、／最大の強盗を成し遂げるために。

解説
pull off the roadで「車を路肩に寄せる」。／pull off ～で「～を成功させる」という意味にもなる。／2ライン目のinternetは、アメリカ発音でntのtが飲まれて「インナネ（ト）」のようになっている。

NORMAL 164

pull back (身など)を引く、引き返す、撤退する、〜を撤回する

He pulled back his hand from a handshake,
ヒープゥドベァクヒズヘァンドフラマヘァンドシェイク

and pulled back the offer that was made.
エァンドプゥドベァックズィオーファァ ゼァトワズメイド

We have to pull back from America,
ウィー ヘァフトゥプゥベァック フラムアメリカ

since the deal was pulled back.
スィンスザディーウワズプゥドベァック

訳 彼は握手していた手を引っ込めて、／そして提案したオファーを撤回した。／僕たちはアメリカから撤退しないといけない、／取り引きは撤回されたので。

解説
pull(引く)＋back(戻る)で、撤回や撤退を表す。／3ライン目のfromはとても素早く発音されている(Skill 5)。

NORMAL 165

pull up (車)を止める、(椅子)を引き寄せる、(資料など)を(画面に)出す、(pull-upで)懸垂

He pulled up his car and came out,
ヒープゥダッブヒズカーァ エァンドケイマウト

then pulled up a chair to our table.
ゼンプゥダッパチェアァ トゥアウアァテイボゥ

I pulled up a document on my laptop.
アイプゥダッパダーキュメント オンマイレァプターブ

It was a slide on how to do pull-ups.
イットワザスライドンハウトゥドゥプラップス

訳 彼は車を止めて出てきて、／私たちのテーブルの椅子を引き寄せた。／私はノートパソコンで資料を表示させた。／それは懸垂のやり方に関するスライドだった。

解説
どんなスライドなのかが気になる。／pull up a carで「車を止める」。／pull upには「懸垂する」という意味があり、do a pull-up(懸垂をする)のように名詞でも使われる。

Wrap-up Rap!

まとめのRap

Listen! 166 Repeat! 167 Try! 168

To pull it off, you've gotta have confidence.
トゥプリローフ ユーヴガッタヘァヴカーンフィデンス

Pull up a chair and join the conference.
プラッパチェアァ エァンドヂョーインザカーンファレンス

You gotta know when to push and pull back.
ユーガッタノウウェンヌプッシュ エァンドプゥベァック

Now pull out your key and put your foot on the gas.
ナウプラウトユアァキーエァンドプッチョァフットオンザゲァス

訳 成功させるなら自信を持たないと。／椅子を引き寄せて会議に参加して。／押し引きのタイミングを見極めろ。／さあ、鍵を取り出してアクセルを踏み込みな。

解説

pull it offにはイディオムとして「難易度の高いことを成し遂げる」という意味がある。／put one's foot on the gasは「アクセルを踏む」。gasはgas pedal（アクセル）の略。／3ライン目when toは、ntのtが発音されず「ウェンヌ」のようになるアメリカ式発音。

Check it out!

pullの"p"をちょっとやりすぎなくらいに破裂させてみよう！

Verb **17**

Beat by
EVISBEATS

put [pút]

ガイドあり　ガイドなし

Check the basics!

「置く」のイメージからは想像しづらい意味の句動詞が多い。putは実は発音の難しい単語。日本語式の「プット」のように最後を母音で終わらせないように注意しよう。pの音は思い切り破裂させるぐらいがちょうどいい。

今回のフレーズ

- **put on**
- **put off**
- **put away**
- **put up with**

＼まずは口慣らし！／

Practice Rap

169

put
プット

Put it.
プットイット

How should I put it?
ハウシュドアイプットイット

I don't wanna put it.
アイドウントワナプットイット

Put this shirt on.
プットズィスシャ～トオン

We should put it off.
ウィーシュドプリローフ

Put your money away.
プッチョアマニアウェイ

I can't put up with it.
アイキャントプラップウィズイット

訳 ～を置く／それを置いて。／どう言ったらいいのだろう？／それを置きたくない。／このシャツを着なさい。／我々はそれを延期するべきだ。／お金を貯めておきなさい。／耐えられない。

EASY 🎤 170

put on 〜を催す、〜を身につける、〜の態度・表情をする

He's putting on an online show.
ヒーズプティンノナンオンラインショウ

He's putting on a big smile.
ヒーズプティンノンナビーグスマイウ

I'll put on my glasses.
アイゥプロンマイグレァスィズ

Oh, he put on some weight.
オウヒープロンサムウェイト

訳 彼がオンラインでコンサートを開催しているんだ。／いい笑顔してるね。／メガネをかけるよ。／おや、彼は太ったみたいだ。

解説
put onでこれだけの意味がある。／put on、putting onは連結とフラップT（Skill 6、8）を意識しよう。どのラインも最初に「ドン・タン」を待ってからラップし始めている。

EASY 🎤 171

put off 〜を先延ばしにする、〜をうんざりさせる

Homework puts me off.
ホウムワ〜ク プッツミーオーフ

That's why I'm putting it off,
ゼァッワイ アイムプティングイローフ

until I can't put it off anymore.
アンティライキャント プリローフ エニモーァ

Don't put off doing nothing.
ドウントプローフドゥーイングナスィング

訳 宿題はうんざりする。／だから先延ばしにしてるんだ、／もう先延ばしできなくなるまで。／ダラダラする時間を先延ばしにするな。

解説
最後の文は「何もしないこと」を先延ばしにするな、つまり「今ダラダラしたい」ということ。果たしてこの人はいつ宿題をやるのか？／3ライン目、until I can'tのunをとても弱く「（アン）ティライキャント」のように一気に言ってみよう。

NORMAL 172

put away ～を片付ける、～を取っておく

He put away some money for his son.
ヒープラウェイサムマニフォーアヒズサン

They put away lots of cake the last night,
ゼイプラウェイラーッアヴケイクザレアストナーイト

then put away the dishes before saying good night.
ゼンプラウェイザディッシィズビフォーアセイインググードナーイト

But the memory could never be put away.
バトザメモリクドネヴァア ビープラウェイ

訳 彼は息子のためにお金を貯めた。／最後の夜、彼らはケーキをたらふく食べ、／そしておやすみを言う前に皿を片付けた。／でも思い出はいつまでも捨てられない。

解説
なんだか切ない一節。／put away lots of cakeは「たくさんのケーキを片付ける」で、この場合は「食べる、たいらげる」。／3ライン目が言葉が詰まっていて難しい。then put away the dishes beforeまでを一気に、その後を一気に、の感覚でがんばろう。

NORMAL 173

put up with ～を我慢する

I can't put up with this nonsense.
アイキャントプラプウィズズィスナーンセンス

How can you put up with this situation?
ハウキャニュープラプウィズズィススィチュエイション

I've put up with a lot of things for a long time,
アイヴプラプウィズアララヴスィングスフォーアアローングターイム

but I won't put up with seeing you in tears.
バライウォウントプットアプ ウィズスィーインニューインティアァズ

訳 こんな無茶苦茶には我慢ができない。／君はどうしてこんなことに耐えられるの？／長年の間、いろんなことに耐えてきたけど、／君が泣いてる姿は見たくない。

解説
nonsenseは「ばかげたこと」。／1～3ラインのput up withはフラップT（Skill 8）が起こっている。／3ライン目のa lot ofは「アララヴ」のように発音している。

Wrap-up Rap!

まとめのRap

Listen! Repeat! Try!
174 175 176

We couldn't put it off any longer.
ウィークドゥントプリローフエニローンガァ

So we put on a big party for her.
ソウウィープロンアビーグパーティフォーァハ～

We put away our pens, turned on the light.
ウィープラウェイアウアァペンズ タ～ンドンザライト

We don't need to put up with trash tonight.
ウィードウントニードトゥプットアップ ウィズトレァシュトゥナーイト

訳 これ以上待てなかったよ。／だから彼女のために大きなパーティーを開いた。／ペンを片付けて、ライトをつけて。／邪魔者なしで今夜は楽しもう。

解説
彼女にいいことがあったようだ。／put up with trashで「ごみに我慢する」。ここではdon't need to put up with trashで、文脈的に「邪魔者なしで楽しむ」という意味に解釈できる。

Check it out!
ここでの「We」は仲間たち。隠れ家的な場所でのパーティーでいつものメンツに向けて語りかけるようにラップしてみよう！

Verb **18**

Beat by
DJ Mitsu the Beats

▶ガイドあり ▶ガイドなし

run [rʌ́n]

Check the basics!

runといえば「走る」だが、句動詞になると多様な意味を持つ。rの発音については詳しく解説しないが、**「舌がどこにもくっつかない」ということだけ意識して**おこう。現在形runと過去形ran[rǽn]の発音の違い(Skill 2)には注意。後ろに母音が来ると連結(Skill 6)が起こりやすい。

今回のフレーズ

- **run into**
- **run away**
- **run out**
- **run down**

＼まずは口慣らし!／

Practice Rap

🎧177

run
ラン

Don't run here!
ドゥントランヒアァ

Run for your life.
ランフォーァユアァラーイフ

The river is running.
ザリヴァァイズラニング

Who did you run into?
フーディヂューランイントゥ

Let's run away.
レッツランアウェイ

The food is running out.
ザフードイズラニングアウト

Tears ran down.
ティアァズレァンダウン

訳 走る／ここで走るな!／命がけで逃げろ。／川が流れている。／誰に出会ったの?／逃げよう。／食料が尽きてきている。／涙が流れ落ちた。

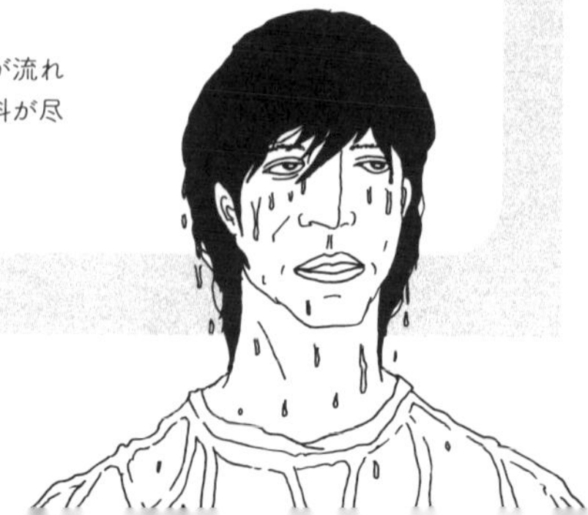

EASY 178

run into ～に直面する、～に偶然出会う、～に衝突する

I ran into some problems.
アイレァニンヌサムプラーブラムズ

The car ran into a fence.
ザカーァ レァニントゥアフェンス

I ran into my boss at the park.
アイレァニントゥマイボースアトザパーク

We ran into rain on the way back.
ウィーレァニンヌレインオンザウェイベアック

訳 いろいろと困ったことになった。／車がフェンスに衝突してしまった。／公園で上司に鉢合わせてしまって。／帰り道で大雨にあった。

解説
踏んだり蹴ったりの1日だったようだ。／run intoの基本の意味は「偶然、突然出会う」。／1･4ライン目のran intoのintoはアメリカ発音で、ntのtが飲まれ、ほとんど「レァニンヌ」のようになっている。

NORMAL 179

run away 逃げる、家出をする

You can run away from your problems.
ユーキャンランナウェイフラムユアァプラーブレムズ

Running away is always an option.
ラニンナウェイ イズオーゥウェイズアンオープション

You can run away to Hawaii if you want to.
ユーキャンランナウェイトゥハワーイー イフユーワーントトゥ

But don't run away from life.
バトドウントランナウェイ フラムライフ

訳 問題から逃げればいい。／逃げるのもいつだって1つの選択肢だ。／逃げたければハワイに逃げたらいい。／でも生きることから逃げないでね。

解説
逃げるのも1つの選択肢。無理しすぎずに生きていきたい。／run away from ～で「～から逃げる」、run away to ～で「～へ逃げる」。／running awayは連結（Skill 6）で「ラニンナウェイ」となっている。／3ライン目をリズミカルにこなそう。

NORMAL 🎤🎤🎤 🎧180

run out （主語が）なくなる、（run out of ～で）～を使い果たす、走り出る

Finally his luck ran out.
ファイナリィ ヒズラックレァンアウト

And he was running out of options.
エァンドヒーワズラニンナウトアヴオープションズ

He was also running out of time.
ヒーワズオーウソウラニンナウトアヴターイム

So the robber ran out of the bank.
ソウザラーバァレァナウトアヴザベァンク

訳 ついに彼の運が尽きた。／その上、選択肢が尽きかけていた。／時間もなくなってきていた。／だから強盗は銀行から走って逃げた。

解説
his luck ran outのように、「主語＋run out」で「主語がなくなる」という意味にもなる。／最後のrun out of ～は「～から逃げ出す」という意味。／3ライン目、言葉を細かく刻む感じで言おう。

NORMAL 🎤🎤🎤 🎧181

run down 流れ落ちる、車で～をひく、～を追い詰める、（run-downで）疲れ果てた

You look run-down.
ユールックランダウン

Tears are running down your cheek.
ティアァズアーァラニングダウンニョァチーク

Your dog was run down by a drunk driver.
ユアァドーグ ワズランダウンバイアドランクドライヴァァ

But you don't wanna run him down.
バチュードウントワナランヒムダウン

訳 とても疲れているようだね。／涙が君の頬を流れている。／君の犬が酔っ払い運転の車にひかれたってね。／でも彼を責めたくないんだね。

解説
悲しい状況を歌ったラップ。／run downにはいろいろな意味がある。／run-downは疲れ切っている状態を表す形容詞。／最後のrun ～ downは「～をけなす、追い詰める」。

Wrap-up Rap!

まとめのRap

Listen! Repeat! Try!
182 183 184

Her neighbor had been running her down.
ハ〜ネイバァヘァドビンランニングハ〜ダウン

So she ran away and got out of her town.
ソウシーレァンナウェイエァンドガラウトアヴハ〜タウン

The car she drove ran out of gasoline.
ザカーァシードロウヴレァナウトアヴゲァソリーン

Then she ran into a boy of sixteen.
ゼンシーレァンイントゥアボーイアヴスィクスティーン

訳 彼女は隣人に責められていた。／だから彼女は逃げて、街を出た。／彼女の運転していた車のガソリンがなくなった。／そして16歳の少年と出会ったんだ。

解説
ロードムービーのような情景が浮かぶラップ。／a boy of sixteenは「16歳の少年」。／2ライン目のgot out of her townはかなりルーズに、極端に言うと「ガラララハ〜タウン」のようになっている。／3ライン目のgasolineと4ライン目のsixteenの言い方をそろえて、うまく脚韻になっていることを伝えられると、英語とラップの上級者！

Check it out!

今回のWrap-up Rapはストーリーもの。物語ラップのキングSlick Rickの"Children's Story"は超クラシックなのでオーディオブック感覚で聞いてみよう!

Verb 19

Beat by
EVISBEATS

▶ガイドあり ▶ガイドなし

set [sét]

Check the basics!

setは日本語発音である「セット」ではなく、息を漏らしながら「s」を発音し、「e」を発音した後に「t」の音がついてくるようなイメージで発音しよう。**後ろに母音が来れば連結(Skill 6)とフラップT(Skill 8)、子音が来れば脱落(Skill 4)が起こることが多い。**

今回のフレーズ

- **set out**
- **set off**
- **set up**
- **set back**

＼まずは口慣らし！／

Practice Rap

185

set
セッ卜

Set it.
セッ卜イッ卜

All is set.
オーウリズセッ卜

I'm gonna set that.
アイムゴナセッ卜ゼアト

He set out.
ヒーセッ卜アウト

Can you set it off?
キャンニューセリッ卜オーフ

I'm setting it up.
アイムセッティングイッ卜アップ

Don't set it back.
ドウント セリッ卜ベアック

訳 ～を置く、～を設定する／それを設置して。／準備完了です。／私がそれを設定します。／彼は出発した。／それを作動させてくれますか？／それを設定中です。／それを先延ばしにしないで。

EASY 186

set out ～を立案する、～を陳列する、出発する、(仕事)を始める

First, you need to set out a plan.
ファ～スト ユーニードトゥセラウトアプレァン

Then set out the things that you'll take.
ゼン セラウトザスィングスゼアトユーゥテイク

Now you can set out on your journey,
ナーウ ユーキャンセラウトアンユアァヂャ～ニィ

and finally set out to start the project.
エァンドファーイナリセラウトトゥスタートザプラーヂェクト

訳 まずは計画を立てよう。／そして持っていくものを並べよう。／これで旅の出発の準備はOK、／そしてついにプロジェクトの開始に着手できる。

解説
setが外への方向性を持つoutと組み合わさることで、「出発」や、「スタート」を感じさせる。／set outの発音はフラップT（Skill 8）を意識しよう。

NORMAL 187

set off 出発する、～を作動させる、作動する、～を爆発させる

They set off on a musical journey.
ゼイセローフオンアミューズィカウヂャ～ニィ

Their sound set off a new trend.
ゼァサーウンドセローフアニュートレンド

The crowd went wild and set off an alarm.
ザクラーウドウェントワーイウド エァンドセローフアンアラーム

The police thought a bomb was set off.
ザポリースソータ バームワズセローフ

訳 彼らは音楽の旅に出た。／そのサウンドで新しい流行が始まった。／観客が盛り上がりすぎて警報を作動させた。／警察は爆破事件と勘違いしたらしい。

解説
set offは「始まる（始める）」「作動する（作動させる）」イメージがある。／発音的にはフラップT（Skill 8）が起こりやすい。／a bomb was set offはset off a bombの受け身の形。

NORMAL 188

set up ～を設立する、～を設定する、(打ち合わせなど)を手配する、(事業など)を始める

He had a vision to set up a small office.
ヒーヘァダヴィジョントゥセラパスモーウオーフィス

So, he had his friend set up the computers.
ソウヒーヘァドヒズフレンド セラプザコンピュータァズ

Then he was ready to set up the meeting,
ゼニーワズレディトゥセラップザミーティング

and finally get his business set up.
エァンドファーイナリゲットヒズビズニスセットアップ

訳 彼には小さなオフィスを立てる計画があった。／それで彼の友達にコンピューターを設定してもらった。／これで会議の手配ができたし、／ついに事業も立ち上げられるな。

解説
set upは「設定する」「組み立てる」のイメージ。／フラップT (Skill 8) が起こりやすい。／3ライン目のThen he wasはheのhが落ちて「ゼニーワズ」のようになっている。

NORMAL 189

set back ～を後退させる、～を遅延させる、～に（…の）費用がかかる、(受動態で)離して置かれる

The office is set back from the road.
ズィオーフィスイズ セットベァックフラムザロウド

A taxi there will set you back $100.
アテァクスィゼアァ ウイウセッチューベァカハンドレドダーラァズ

Okay, since the clocks are set back,
オウケイ スィンスザクラークスアーァ セットベァック

he can set back his schedule and walk.
ヒーキャンセットベァックヒズスケヂューウエァンドウォーク

訳 オフィスは道から奥まったところにある。／タクシーで行くと100ドルかかる。／OK、時計は遅らせてあるから、／彼は予定を遅らせて歩いて行けるだろう。

解説
set backの「t」音は、脱落 (Skill 4) が起こる。／ set you back $100は「(あなたに) 100ドルの費用がかかる」という意味。／4ライン目のhis scheduleはhisの「ズ」をしっかり発音すると追いつかない。次の「s」とくっつく意識で言ってみよう。

Wrap-up Rap!

まとめのRap

Listen! Repeat! Try!
190 191 192

In order to build, you gotta set it up.
インノーダァトゥビゥドユーガッタセリトアップ

Set out a plan and follow till it's done.
セラウラプレァン エァンドファーロウティリッツダン

Set back your schedule if there are delays,
セットベアックユアァスケヂューゥ イフゼアァアーァディレイズ

and set off a movement with the waves you make.
エァンドセットオーフアムーヴメントウィズザウェイヴスユーメイク

訳 作り上げるには準備が肝心。／計画を立てて完遂。／遅延があればスケジュールを遅らせて、／波を立ててムーブメントを巻き起こせ。

解説
何か計画を立て、それを遂行しようというポジティブなラップ。／the waves you makeは「君が作るその波」で、「ムーブメントを巻き起こすための活動」ぐらいの意味でとらえておこう。／4ライン目movement withを一気に言うのが難しい。「ムーブメント」と思っていると間に合わないので、「ムーvmnt」のように「ムー」の後はほぼ子音という意識で言ってみよう。

Check it out!

waves you makeはイディオムのmake wavesがベース。「情勢の高まりを起こす」「波風を立てる」という意味で使われる。

Verb **20**

Beat by
DJ Mitsu the Beats

stand [stǽnd]

▶ガイドあり　▶ガイドなし

Check the basics!

「立つ」という元の意味に近い句動詞が多い。発音面では[æ]（Skill 2）が含まれている。「ステァンド」のようなイメージで発音してみよう。過去形・過去分詞はstoodで発音は「ストゥッド」のようになる。

今回のフレーズ

- **stand out**
- **stand by**
- **stand for**
- **stand up**

＼まずは口慣らし！／

Practice Rap

193

stand
ステァンド

I'm standing here.
アイムステァンディングヒアァ

Did you stand there?
ディヂューステァンドゼアァ

I saw you standing there.
アイソーユーステァンディングゼアァ

He stands out.
ヒーステァンヅアウト

Stand by me.
ステァンドバイミー

I'll stand for it.
アイウステァンドフォーアイット

Could you please stand up?
クヂュープリーズステァンドアップ

訳 立つ／ここに立っています。／君、あそこに立った？／あなたがそこに立っているのを見たよ。／彼は目立つ。／私のそばにいてください。／それを支持します。／起立をお願いします。

EASY 194

stand out 目立つ、際立つ、突き出ている

His hair stands out,
ヒズヘアァステァンヅアウト

but that's not why he stands out.
バトゼァッツナットワイヒーステァンヅアウト

His skill stands out from the group.
ヒズスキウステァンヅアウトフラムザグループ

From my perspective, that's why he stands out.
フラムマイパ～スペクティヴ ゼァッツワイヒーステァンヅアウト

訳 彼の髪型は目立つけど、／それが理由で彼が目立ってる訳じゃない。／グループ内でも際立つスキルを持っているんだ。／彼が目立つ理由は個人的にはそれだと思う。

解説
ここのstand outにはあまり意味のバリエーションはなく、「目立つ」という意味のラインが4つ続く。／from one's perspectiveは「(その人の)個人的な観点から」。／1ライン目は最初の「ドン・タン」をやり過ごして次の「ドン」から入ろう。

NORMAL 195

stand by 待機する、傍観する、～を支持する、(約束など)を曲げない

How do you stand by and do nothing?
ハウドゥユーステァンドバイ エァンドドゥーナスィング

I stand by the people who suffered,
アイステァンド バイザ ピーポウフーサファァド

and stand by my original promise.
エァンドステァンドバイマイオリジナゥプラ ミス

I'm standing by in case of emergency.
アイムステァンディングバイインケイスアヴイマ～ヂェンスィ

訳 どうして何もせず傍観していられるんだ？／私は苦しい状況に置かれた人を支持し、／そして最初の約束を曲げない。／何か起こったときのために待機するよ。

解説
stand byには「～を支持する」の他に、「傍観する」という意味もある。／良い意味と悪い意味をあわせ持つので注意。／ラップのフロウが少し複雑で難しい。1ライン目、Howを言った後、間を空けている。

HARD 🎤🎤🎤 196

stand for （略語が～ということ）を表す、～を支持する、～を我慢する

RAH stands for Rebels Against Hate.
アーァエイエイチ ステァンヅフォーァレベウズアゲンストヘイト

We don't stand for dictators.
ウィードウントステァンドフォーァディクテイタァズ

We're standing for the voiceless.
ウィアァステァンディングフォーァザ ヴォイスレス

If you stand for nothing, you'll fall for anything.
イフユーステァンドフォーァナスィングユーウフォーウフォーァエニスィング

訳 RAH はヘイトに対抗する反逆者を意味する。／我々は独裁者を支持しない。／我々は声なき者たちと共にある。／信条を持たない人は何にでも流される。

解説
RAHは架空の団体。／stand for で略語を説明することができる。／fall for ～は「～にだまされる、引っかかる」。／4ライン目は黒人解放運動指導者、マルコムXの言葉をもとにしている。

HARD 🎤🎤🎤 197

stand up 立ち上がる、立ち向かう、(stand-upで)自立した・信頼できる

Sometimes people need to stand up for themselves.
サムタイムズピーポウニードトゥステァンドアプフォーァゼムセウヴス

Some stand up against bullying.
サムステァンドアップ アゲンストブリィイング

Some people help others stand up when they fall.
サムピーポウ ヘウプアザァズ ステァンドアップウェンゼイフォーウ

I wanna be a stand-up person like them.
アイワナビーアステァンダプパ～スンライクゼム

訳 人はときには自分のために立ち上がる必要がある。／いじめに立ち向かう人たちもいる。／転んだ人が立ち上がるのを助ける人たちもいる。／僕も彼らみたいな「信用できる人」になりたい。

解説
stand up against ～で「～に立ち向かう」。／stand-upで「信頼できる」という形容詞になる。

Wrap-up Rap!

まとめのRap

Listen! Repeat! Try!
198 199 200

Until you know truly what you stand for,
アンティゥユーノウトルーリワットユーステァンドフォーア

you'll only stand out for being flat like cardboard.
ユーロウンリステァンドアウトフォーアビーイングフレアトライクカードボード

When you stand up for those you care for,
ウェンニューステァンドアプフォーアゾウズユーケアァフォーア

people'll stand by you like a lamppost.
ピーポウウ ステァンドバイユー ライクアレァムプポウスト

訳 信条を明確に持つまでは、／段ボール紙のように平板であることでしか目立たないだろう。／大切に思う人のためにあなたが立ち上がれば、／街灯のように人々はあなたのそばに集まるだろう。

解説
信条を持つことの大切さについて歌ったラップ。街灯には人を集める力がある。もちろん段ボールにもよさはある。どちらになりたいかはあなた次第。／cardboardは「段ボール、ボール紙」。／lamppostは「街灯」。／2ライン目はyou'll～beingまでの固まりと、flat～の固まりに分けて練習してみよう。

Check it out!
stand up for your right（自分の権利のために立ち上がれ）と歌うサビが力強いBob Marleyの名曲"Get Up, Stand Up"もチェック。

Verb 21

Beat by
EVISBEATS

take [téɪk]

▶ガイドあり ▶ガイドなし

Check the basics!

takeの基本イメージは「手に取って、持っていく」。発音面ではtの音は思い切り破裂させるぐらいがちょうどいい。[eɪ]が含まれるのでSkill 3の二重母音もチェックしよう。take itなどの連結の際の[k]は思い切って発音しよう。

今回のフレーズ

- take off
- take on
- take out
- take back

\ まずは口慣らし! /

Practice Rap

201

take
テイク

Take it.
テイキット

I'm gonna take it.
アイムゴナテイキット

Don't take it personally.
ドウントテイキットパ～ソナリィ

Take off your cap here.
テイクオーフユアァキャップヒアァ

I'll take you on.
アイウテイキューオン

I wanna take this out.
アイワナテイクズィスアウト

Will you take it back?
ウィウユーテイキットベアック

訳 取る／それを取って。／僕が取るよ。／あなた個人のことと受け取らないでね。／ここでは帽子を脱いでください。／相手になるよ。／これを持ち帰りたいです。／撤回しますか?

EASY 202

take off ～を脱ぐ、～を外す、(～の期間)休む、離陸する、出発する

Why don't you take some time off?
ワイドウンチューテイクサムタイムオーフ

Take off that tie and take off that suit.
テイクオーフゼアトタイ エアンドテイクオーフゼアトスート

Just take off with your phone and passport.
チャストテイクオーフウィズユアァフォウンエアンドペアスポート

When the plane takes off, you'll feel at home.
ウェンザプレインテイクスオーフ ユーウフィーラトホウム

訳 少し休んだらどうだ?／そのネクタイを外し、スーツを脱いでさ。／パスポートと電話だけ持って出発だ。／飛行機が離陸するころ、君はリラックスしてるはずだよ。

解説
take ～ off/take off ～で、「～を取り外す・脱ぐ」の意味になる。／目的語を取らず「主語＋take off」の形になると「(主語が)離陸する・出発する」になる。／リリックの通りリラックスしてラップしよう。

EASY 203

take on ～を引き受ける、～を採用する、～と対決する

The company is taking on employees.
ザ カンパニィズ テイキンノンインプロイイーズ

They're taking on a cutting-edge style.
ゼイアァ テイキングオン アカッティングエヂスターイウ

I'll take on the job if they choose me,
アイゥテイクオンザヂャーブ イフゼイチューズミー

and take on my enemies with a smile.
エァンドテイクオンマイエネミーズウィズアスマイウ

訳 あの会社は今採用中だ。／革新的なスタイルを取り入れている。／選ばれたら仕事を引き受けるよ、／そして競争相手には笑顔で応戦してやるさ。

解説
take onは何かを引き受けるイメージ。／cutting-edgeは「最先端の、革新的な」。／2ライン目はThey're、taking、onを切って、その後のa cutting-edge styleを一気に言おう。

NORMAL 204

take out ～を取り出す、～を持ち帰る、～を連れ出す、～をやっつける、～を取り除く

Let me take you out this weekend.
レットミーテイクユーアウト ズィスウィーケンド

Let's take out some food and go to a movie.
レッツテイクアウトサムフード エァンド ゴウトゥアムーヴィ

If anyone bullies you, I'll take'em out.
イフエニワンブリィズユーアイゥテイケムアウト

If anything gets in your eye, I'll take it out.
イフェニスィングゲッツインニョァアイ アイゥテイキラウト

訳 今週末はデートに行こう。／食べ物をテイクアウトして、映画を見に行こう。／君に絡むやつがいたらやっつけてやる。／君の目に何か入ったら僕が取ってあげるよ。

解説
take'emはtake themを略した言い方。発音は「テイケム」のようになる。／4ライン目が難しいかもしれない。If anything gets in your eyeを「イフェニスィングゲッツインニョァアイ」と一気に言おう。その後にすぐI'll（アイゥ）が来るので気が抜けない。

NORMAL 205

take back ～を連れ戻す、～を返品する、～を取り戻す、～を取り消す

I took him back to the mall yesterday.
アイトゥッキムベアック トゥザモーゥイェスタディ

He took his wedding ring back to the shop.
ヒートゥッキズウェディングリング ベアックトゥザシャープ

He wasn't gonna take back his fiancé.
ヒーワズントゴナテイクベアック ヒズフィアーンセイ

He couldn't take back what he said in a fight.
ヒークドゥントテイクベアック ワットヒーセドインアファイト

訳 彼を昨日モールにまた連れて行ったよ。／彼は店に結婚指輪を返品した。／婚約者とよりを戻すつもりはなかった。／けんか中に言ったことを取り消すこともできなかった。

解説
彼と婚約者の間に何があったのだろうか。／発言を「撤回」する際にtake backはよく使われる。／1ライン目のtook him、2ライン目のtook hisはhが落ちてそれぞれ「トゥッキム」「トゥッキズ」のようになっている。

Wrap-up Rap!

まとめのRap

Listen! 206　Repeat! 207　Try! 208

I'll take out any challenger,
アイゥテイクアウトエニチャレンヂャァ

then take on anything on the calendar.
ゼンテイクオンエニスィングオンザキャレンダァ

You'll see me take off like SpaceX
ユーゥスィーミー テイクオーフ ライクスペイスエクス

and take it back to a place beyond pay slips.
エァンドテイキットベアック トゥアプレイスビヤーンドペイスリップス

訳 どんな挑戦者でもやっつけてやる、／そしてカレンダーの予定をすべてこなす。／スペースXのように離陸して／給与明細から離れたところへ回帰してやるんだ。

解説
SpaceXは宇宙輸送会社で、ここではそれが打ち上げるロケットを指している。バリバリ仕事をこなして、給料に縛られない地平に行く、というラップらしい比喩（like～）を盛り込んだ勢いのある一節。／take it back to ～は決まり文句で「～に戻る、回帰する」。／2ライン目のanythingは本来anyに強めのアクセントがあるが、ここではthingをわざと強めに言っている。／3ライン目see meとtake offはフロウを合わせている。

Check it out!

challengerとcalendar、そしてSpaceXとpay slipsは2音節以上で韻を踏むマルチシラブルライム（多音節韻）。Rakim、Eminem、MF Doomなどが多用する技法。

Verb 22

Beat by
DJ Mitsu the Beats

tell [tél]

ガイドあり　ガイドなし

Check the basics!

「伝える」が基本的な意味。そこから派生して句動詞では「見分ける」「告げ口する」など意味にバリエーションがある。**日本語式の「テル」ではなく「テゥ（舌は前歯に当てる）」**のような感じ。後ろに母音が来ると連結（Skill 6）が起こる。

今回のフレーズ

- **tell from**
- **tell on**
- **tell off**
- **tell apart**

＼まずは口慣らし！／

Practice Rap

209

tell
テゥ

Should I tell her?
シュダイテゥハ～

I can tell from the sound.
アイキャンテゥフラムザサウンド

She's gonna tell you off.
シーズゴナテゥユーオーフ

Don't tell him.
ドウントテゥヒム

Tell me what you want.
テゥミーワッチューワーント

Did you tell on me?
ディヂューテロンミー

I can't tell them apart.
アイキャントテゥゼムアパート

訳 ～に言う／彼に言わないで。／彼女に伝えるべきかな？／何が欲しいか言ってみて。／僕は音から判別できる。／僕のことチクった？／彼女が君を叱るぞ。／彼らの区別がつかない。

EASY 210

tell from ～から判別する、～から識別する

I can tell the truth from a lie.
アイキャンテゥザトルース フラムアラーイ

I can tell from your face.
アイキャンテゥ フラムユアァフェイス

I can tell from your voice.
アイキャンテゥ フラムユアァヴォーイス

I can also tell from your body language.
アイキャンノーゥソウテゥフラムユアァバーディレァングウィヂ

訳 僕は嘘から真実を見抜くことができる。／君の表情からわかる。／声からわかる。／身振りからもわかる。

解説
tell A from Bという形の場合、「BからAを識別する・見抜く」という意味になる。／1ライン目のIは「ドン」を待って次の「タン」から、2・3ライン目のIは「ドン・タン」を待ってすぐに、4ライン目のIは最初の「ドン」から入ろう。

NORMAL 211

tell on ～のことを告げ口する、～を報告する

I worry that he'll tell on us.
アイワ～リゼァト ヒーゥテロンアス

Telling on each other is against the rules.
テリンノニーチアザァイズアゲンストザルーゥズ

I gave him candy so he won't tell on me.
アイゲイヴヒムキャンディ ソウヒーウォウントテロンミー

If he tells on us, he'll be punished.
イフヒーテゥヅンアス ヒーゥビーパニシュト

訳 彼が俺たちのことを告げ口しないか心配だ。／告げ口はルール違反だ。／口止め料としてお菓子をあげた。／もし告げ口したら罰を与える。

解説
楽しいビートでなかなか怖いことをラップしている。／連結(Skill 6)により、tell onは「テロン」、telling onは「テリンノン」tells onは「テゥヅン」のようになる。

NORMAL 212

tell off ～を叱る、～に文句を言う

If your classmate is rude, tell him off.
イフユアアクレアスメイトイズルード テリムオーフ

If your boss is mean, tell her off.
イフユアアボースイズミーン テラ～オーフ

You can tell'em off over the phone,
ユーキャンテレムオーフ オウヴァアザフォウン

or tell'em off on a beat with a microphone.
オーァテレムオーフオンナビート ウィズアマイクロフォウン

訳 クラスメートが失礼ならビシッと言っちゃえ。／上司がいじわるならビシッと言っちゃえ。／電話でガツンと言ってもいいし、／ビートの上でマイクで言うのもありだ。

解説
rudeは「失礼な、無礼な」、meanは「いじわるな」。／tell'emはtell themの略で、「テレム」のようになる。／1ライン目のtell him offは「テリムオーフ」、2ライン目のtell her offは「テラ～オーフ」のようにhがほとんど聞こえない感じで発音されている。

NORMAL 213

tell apart ～を識別する、～を見分ける

You can tell the teams apart by the mark,
ユーキャンテゥザティームズアパート バイザマーク

or tell them apart by the red part.
オーァテゥゼムアパート バイザレッドパート

You can tell them apart at the start,
ユーキャンテゥ ゼムアパート アトザスタート

and tell them apart even in the dark.
エァンドテゥゼムアパート イーヴンニンザダーク

訳 マークでチームは見分けられるし、／赤い部分でも見分け可能だ。／最初から見分けられるし、／暗いところでも識別できる。

解説
tell A apart by Bで「Bによって Aを見分ける」という意味。／2ライン目の冒頭のor、4ライン目の冒頭のandはほとんど聞こえないくらい弱く発音されている。

Wrap-up Rap!

まとめのRap

Listen! Repeat! Try!
214 215 216

They can tell from the way he walks.
ゼイキャンテゥフラムザウェイ ヒーウォークス

He's not the type to tell on us or talk.
ヒーズナットザタイプトゥ テロンアスオーァトーク

They can tell him apart from the rest.
ゼイキャンテリムアパート フラムザレスト

He tells off even those who think they're the best.
ヒーテゥズオーフイーヴンゾウズフースィンクゼイアァザベスト

訳 彼の歩き方でわかる。／密告するタイプじゃない。／烏合の衆との違いは一目瞭然。／彼は天狗になってるやつらにも物申すやつさ。

解説
ここで語られる「彼」は誠実で、ストレートな性格のようだ。／the restは、ここではthe rest of the bunch（その他大勢）のような意味。／those who think they're the bestは「自分のことを最高と思っている人々」。／最後はフロウ（抑揚）のつけ方が独特で難しいが、楽しんでリズムを乗りこなそう。

Check it out!
ボディランゲージは世界共通言語。歩き方にその人の自信、フレンドリーさ、魅力がにじみ出る。

Verb 23

Beat by
EVISBEATS

think [θíŋk]

▶ガイドあり ▶ガイドなし

Check the basics!

ここで取り上げるthinkの句動詞は「どう考えるか」のニュアンスのバリエーション。th [θ]の発音が、リズムのブレーキになるかもしれない。何度もトライしてスムーズにラップできるようになろう。**口をリラックスさせて前歯と舌先の間から息を出すと意外と言いやすい。**

今回のフレーズ

- **think up**
- **think through**
- **think of**
- **think over**

＼まずは口慣らし！／

Practice Rap

217

think
スィンク

Think about it.
スィンカバウリット

Do you think it's true?
ドゥユースィンクイッツトルー

What do you think?
ワットドゥユースィンク

I can't think up anything.
アイキャントスィンカプエニスィング

Let's think it through.
レッツスィンキットスルー

I'm thinking of it.
アイムスィンキングアヴィット

We'll think it over.
ウィーウスィンクイットオウヴァア

訳 考える／それについて考えろ。／それ本当だと思いますか？／どう思いますか？／何も思いつきません。／考え抜こう。／そのことを考えています。／我々はそれについて考え直します。

EASY 218

think up ～を考えつく、～を思いつく

We need to think up a plan.
ウィーニードトゥスィンカッパプレァン

Thinking up the idea is the tough part.
スィンキングアップズィアイディーア イズザタフパート

Once a good plan is thought up,
ワンスアグードプレァン イズソータップ

we can move on to think up other stuff.
ウィーキャンムーヴォンヌ スィンカップアザァスターフ

訳 我々は企画を考えなければならない。／難しいのはアイデア出しだ。／良いプランを思いついたら、／次のことを考える段階に進める。

解説
a good plan is thought upは、think up a good planの受け身。／4ライン目のmove on toのtoは前のnを受け、ntのtが飲まれ「ムーヴォンヌ」のようになっている。

EASY 219

think through ～を考え抜く、～をとことん考える

Have you thought through this?
ハヴユーソート スルーズィス

We need to think through this matter.
ウィーニードトゥスィンクスルーズィスメアタァ

Let's decide after thinking through it.
レッツディサーイドエァフタァスィンキングスルーイット

Can I have a few days to think it through?
キャナイヘァヴアフューデイズトゥスィンクイットスルー

訳 この件について、よく考えてみましたか？／この件はよく考える必要があります。／考え抜いてから決めましょう。／よく検討する時間を数日もらえないでしょうか？

解説
think through ～/think ～ throughで「～を考え抜く」。thの発音が続くので難しい。「歯の間から舌を出して…」ということをあまり意識しすぎない方がいいかもしれない。少しルーズに発音してみよう。

HARD 220

think of ～のことを考える、～を（…と）捉える

Thinking of how dumb the average person is,
スィンキンナヴハウダムズィエァヴェリヂパ～スンニズ

makes me think of going on a trip.
メイクスミースィンカヴゴウインノナトリップ

She's thinking of doing the same.
シーズ スィンキンナヴドゥーイングザセイム

We should think of it as an adventure.
ウィーシュドスィンカヴィット アズアンナドヴェンチャア

訳 平均的な人間がいかにばかか考えると／旅に出たくなる。／彼女もそうしようと思っている。／冒険だと思えばいいんだ。

解説
dumbは「ばかな」。あまりいい言葉ではないので頻繁に使用しないようにしよう。／thinking ofは「シンキングオブ」ではなく「スィンキンナヴ」、think ofは「シンクオブ」ではなく「スィンカヴ」くらいの感じで言おう。

HARD 221

think over ～を考え直す、～を思い返す

The boy is thinking over what he said.
ザボーイイズスィンキンノウヴァアワットヒーセド

When you think over what you said,
ウェンユースィンクオウヴァア ワットユーセド

you realize you're thinking it over too much.
ユーリアライズユアァスィンキングイットオウヴァアトゥーマッチ

You've gotta get over thinking over and over.
ユーヴガッタゲ ロウヴァアスィンキンノォウヴァアエァンドオウヴァア

訳 少年は、自分が言ったことを思い返している。／自分が言ったことを思い返しているとき、／考えすぎていることに気づく。／「考えすぎ」を克服しないと。

解説
get overは「～を克服する・乗り越える」。get over thinking over and overは「考えすぎていることを克服する」ということ。／3ライン目realizeは本来reに強めのストレスがくるが、ここでは「ドン・タン」の「タン」のビートに乗っている-lizeも強めに発音されている。

Wrap-up Rap!

まとめのRap

Listen! Repeat! Try!
222 223 224

I wish I could stop thinking up all of this.
アイウィシュアイクドスターブスィンキングアップ オーラヴズィス

When I think over and over, I can't fall asleep.
ウェナイスィンクオウヴァアエァンドオウヴァア アイキャントフォーラスリーブ

It's like a nightmare that I can't think through.
イッツライクアナーイトメアァゼァライキャントスィンクスルー

I'd rather think of nothing and exit the loop.
アイドレァザァスィンカヴナスィングエァンド エグズィトザループ

訳 もうこんなことを考えつくのはやめたい。／ぐるぐる思考が巡って眠れやしない。／考えても抜け出せない悪夢みたいだ。／心を無にして悪循環から抜け出したい。

解説

複雑で難しいフロウだが、口の筋肉を鍛えるつもりでトライしてみよう！／think through ～は「考え抜いて、（問題を）解く」というニュアンスがあるので、think through a nightmareは「悪夢を抜け出す」という意味になる。／I'd rather ～はI would rather ～の略で、「むしろ～したい」。／exit the loopは「ループを抜け出す」。

Check it out!

Sleep is the cousin of death（眠りは死のいとこだ）というNasの名言があるが、実際には睡眠不足こそが死のいとこだと言える。睡眠はたっぷり取ろう。

Verb 24

Beat by
DJ Mitsu the Beats

turn [tə́ːrn]

▶ガイドあり ▶ガイドなし

Check the basics!

「向きを変える」が基本の意味にある動詞で、「あいまい母音」(Skill 2)が含まれる。口を大きく開けずに「ア」と「ウ」の中間の音を出す意識で発音しよう。

今回のフレーズ

- **turn on**
- **turn off**
- **turn around**
- **turn down**

＼まずは口慣らし！／

Practice Rap

225

turn
タ～ン

Turn it.
タ～ニット

She turned to me.
シータ～ンドトゥミー

His face turned red.
ヒズフェイスタ～ンドレッド

Could you turn it on?
クヂュータ～ニットオン

I'm gonna turn it off.
アイムゴナタ～ニットオーフ

Just turn around.
ヂャストタ～ナラウンド

I wanna turn it down.
アイワナタ～ニットダウン

訳 ～の向きを変える／それの向きを変えて。／彼女は私の方を向いた。／彼の顔は赤くなった。／それをオンにしてもらえますか？／僕がそれをオフにします。／振り返って。／それを断りたい。

EASY 🎤 226

turn on （電源など）を入れる、（人）をひきつける、～を興奮させる

Turn on the TV at 8 pm.
タ～ノンザティーヴィー エアト エイトピーエム

That movie turned me on to hip-hop.
ゼァトムーヴィ タ～ンドミーオントゥヒプハープ

They turn on the radio and dance.
ゼイタ～ノンザレイディオウエァンドデァンス

The way she dances turns him on.
ザウェイシーデァンスィズ タ～ンズヒムオン

訳 夜8時にテレビをつけて。／その映画で僕はヒップホップに目覚めた。／彼らはラジオをつけて踊るんだ。／彼女の踊り方が彼を興奮させる。

解説
turn ～ on/turn on ～のどちらの使い方もある。／turn onは連結（Skill 6）で、「タ～ノン」のようになる。／turnの発音はあいまい母音が入っている。Skill 2を再度チェックしよう！

NORMAL 🎤 227

turn off （電源など）を切る、～から離れて脇道に入る、～をうんざりさせる

Will you turn off the radio?
ウィウ ユー タ～ンオーフザレイディオウ

Cuz this song turns me off.
カズ ズィス ソーング タ～ンズミーオーフ

I'll do it after we turn off the main road.
アイウドゥーイットエァフタァウィー タ～ンオーフザメインロウド

Don't turn me off with this stupid music.
ドウントタ～ンミーオーフウィズズィススチューピドミューズィク

訳 ラジオ消してくれない？／だってこの歌、うんざりする。／本通りから脇道に入ったら消すよ。／このばかげた音楽で私をがっかりさせないでね。

解説
車中の音楽のチョイスは重要。／cuzはbecauseのくだけた言い方。「カズ」のように発音しよう。

NORMAL 228

turn around 方向転換する、～をひっくり返す、(仕事)を完了させる、回復する

We should turn around and go home.
ウィーシュドタ～ナラウンドエァンド ゴウホウム

We can't turn around this situation.
ウィーキャント タ～ナラウンドズィス スィチュエイション

I'll just turn around the work quickly.
アイウヂャスト タ～ナラウンドザワ～ク クウィクリィ

Things will turn around someday.
スィングスウィウ タ～ナラウンド サムデイ

訳 引き返して、家に帰ろう。／この状況を好転させることはできない。／さっさと作業を終わらせるよ。／物事はいつか好転する。

解説
行き詰まったら、いったんあきらめて家に帰ることも大事。／turn aroundは連結(Skill 6)を意識しよう。

NORMAL 229

turn down ～を断る、(音量など)を下げる

I wanna turn down the AC.
アイワナタ～ンダウンズィエイスィー

And I wanna turn this music down.
エァンドアイワナタ～ンズィス ミューズィクダウン

Anybody wanna turn down my idea?
エニバディワナタ～ンダウンマイアイディーア

Then she turned down my suggestion.
ゼンシータ～ンドダウンマイサジェスチョン

訳 エアコンを下げたい。／音楽の音量を下げたい。／誰か異論ある?／すると、彼女が私の提案を却下した。

解説
自信満々に要求をしていたら、あっさり却下されてしまったようだ。／ACはair conditioning(空調、冷暖房)のこと。／turn ～ downとturn down ～の2つの使い方がある。

Wrap-up Rap!

まとめのRap

Listen! 230 / Repeat! 231 / Try! 232

Turn off the radio; get in tune with your mind.

タ〜ノーフザレイディオウゲリンテューンウィズユアマインド

Times are turning around, so move with the tide.

タイムズアーァタ〜ニンナラウンド ソウムーヴウィズザタイド

We're gonna turn down the lights in this building.

ウィーアァゴナタ〜ンダウンザラーイツインズィスビゥディング

And turn on the mic, so we can get lifted.

エァンド タ〜ノンザ マイクソウウィーキャンゲットリフティド

訳 ラジオを消そう、マインドにチューニングを合わせろ。／時代は変わる、時流に乗ろう。／俺らこのビルの明かりを落とすところさ。／マイクをオンにして、ハイになろうぜ。

解説

時代は変わっていくから、自分のアンテナを敏感にして、より高みを目指そう、というようなポジティブなラップ。／this buildingとget liftedはあいまいな韻だが、口に出してみるとカッコいい。building、liftedは通常どちらも、前にストレスが来るが、ビートに合わせて、あえて後ろ（-ding、-ted）も強調している。

Check it out!

今や時代はラジオというよりはストリーミング。とはいえストリーミングにある曲がすべてではない。いつの時代でも自分の感覚でDIGすることを忘れるなかれ。

Verb **25**

Beat by
EVISBEATS

work [wə́ːrk]

ガイドあり　ガイドなし

Check the basics!

「働く」という単語の意味をそのまま引き継ぐ句動詞も多い一方で、「解決する」(work out) や、「(主語が) 〜にとって都合がいい」(work for) などの意味もある。発音はあいまい母音 (Skill 2) が含まれる。あまり大きく口を開けずに発音するのがコツ。

今回のフレーズ

- **work with**
- **work on**
- **work for**
- **work out**

＼まずは口慣らし！／

Practice Rap

233

work
ワ〜ク

Where do you work?
ウェアァドゥユーワ〜ク

I work as a cook.
アイワ〜クアズアクック

How does it work?
ハウダズイットワ〜ク

I wanna work with you.
アイワナワ〜クウィズユー

Can you work on it?
キャニューワ〜クオンイット

I'm working for it.
アイムワ〜キングフォーァイット

We can work it out.
ウィーキャンワ〜キラウト

訳 働く／どこで働いているの？／コックをしています。／それはどう機能するのですか？／君と一緒に働きたい。／それに取りかかってくれる？／そのために働いています。／僕らはそれを解決できるよ。

EASY 234

work with ～と協業する、～を使って作業する、～と同じ職場で働く

I've worked with a team of stars.
アイヴワ～クトウィズアティームアヴスターァズ

They work with a trainer and a coach.
ゼイワ～クウィズアトレイナァエァンナコウチ

He works with a clear goal.
ヒーワ～クスウィズアクリアァゴウゥ

We work with each other to win.
ウィーワ～クウィズイーチアザァトゥウィン

訳 スター集団と一緒に仕事をしたことがある。／彼らはトレーナーやコーチと連携している。／彼は明確な目標を持って仕事に挑む。／我々は勝つために協力し合う。

解説
work withの意味のバリエーションは多くない。／発音面ではworkの次にwithへ口の形を作るのが大変かもしれない。kを「口の奥で破裂させる」ことを意識すると、唇の変形を防げるのでwithが言いやすくなるかもしれない。

EASY 235

work on ～に取り組む、～に効果がある、動作する、～で作業する

I can't work on this computer.
アイキャントワ～クオンズィスコンピューラァ

We need to work on fixing it.
ウィーニードトゥワ～クオンフィクスィンニット

She's been working on trouble-shooting.
シーズビンワ～キンノントラボウシューティング

Her approach should work on this.
ハ～アプロウチシュドワ～クオンズィス

訳 このパソコンでは仕事ができない。／修理に取りかからないと。／彼女はトラブルシューティングに取り組んできた。／彼女のアプローチはこの問題に効果があるはずだ。

解説
work on -ingで「～することに取りかかる」という意味。修理や改善などに関係した言葉とつながることが多い。／1ライン目、computerの最後のterはフラップT（Skill 8）で「ラ」に近い音になっている。

EASY 236

work for ～にとって都合がいい、～のために働く、～の役に立つ、～に勤める

I don't work for money. I work for peace.
アイドウントワ～クフォーァマニィ アイワ～クフォーァピース

I work for myself not for a boss.
アイワ～クフォーァマイセウフ ナットフォーァア ボース

Let me share something that might work for you.
レットミーシェアァ サムスィングゼァトマイト ワ～クフォーァユー

Does 6 pm tomorrow work for you?
ダズスィクスピーエムトゥモーロウ ワ～クフォーァユー

訳 私は金のためではなく平和のために働いています。／上司のためでなく自分のために働いています。／君に役立つかもしれないことを教えましょう。／明日の午後6時、時間はありますか？

解説
work for ～は「～のために働く」の他に、「～に都合がいい・役立つ」という意味になる。後者の使い方は英会話に頻出するので覚えておこう。

NORMAL 237

work out 運動する、～を解決する、うまくいく

If you wanna be healthy, work out.
イフユーワナビーヘウスィワ～カウト

If you have a fight with a friend, work it out.
イフユーヘァヴアファーイトウィズアフレンド ワ～キラウト

Work hard toward goals, it'll work out.
ワ～クハードトードゴウウズ イトゥワ～カウト

If there's a problem, find a way to work it out.
イフゼアァズアプラーブレムファーインドアウェイトゥワ～キラウト

訳 健康になりたいなら、体を鍛えなさい。／友達とけんかしたら、仲直りしなさい。／目標に向かってがんばれば、きっとうまくいく。／問題があったら、解決する方法を見つけよう。

work it outは連結（Skill 6）とフラップT（Skill 8）が起こって「ワ～キラウト」のようになる。／4ライン目problemとfindを一気に言えるようにがんばろう。

Wrap-up Rap!

まとめのRap

Listen! 238　Repeat! 239　Try! 240

While the haters work for hate and never appreciate,

ワーイゥザヘイタァズワ～クフォーァヘイト エァンドネヴァァアプリーシエイト

all the players play the game and work out every day.

オーゥザプレイアァズプレイザゲイム エァンドワ～カウト エヴリデイ

Work with the energy of your enemy.

ワ～クウィズズィエナヂ アヴユアァエネミィ

And work on what's real like a documentary.

エアンドワ～クオンワッツリーアゥライカダーキュメナリィ

訳 ヘイターは批判ばかりで、物事を決して認めない（良さをわかろうとしない／心を閉ざしている）。／その間にすべてのプレイヤーは毎日実践して腕を磨いている。／敵のエネルギーを受けて逆手に使え。／ドキュメンタリーのようにリアルなものに取り組むんだ。

解説

最初の2ラインでヒップホップのスラング「player hater」（嫉妬などを理由に成功者[player]を非難する人）を解説している。／4ライン目のdocumentaryはアメリカ発音で、ntのtが発音されない現象。「ダーキュメナリィ」のようになる。

Check it out!

お疲れ様でした！　ここまですべてのラップを声に出してトレーニングしてきたみなさんには、必ず「英語の口」が備わっているはず！

Column

HIP HOPと「移民」たち

僕がHIP HOPド素人だったころ、それは神秘のベールの向こうにありました。ドキドキしてレコード屋さんやHIP HOPのショップやクラブの扉をなかなか開けられず、前を通り過ぎてしまったり。ラッパーたちは声も見た目もカッコよく、自信に溢れ、誰よりも自由に見えました。そのころの自分とは真逆。だからこそ「もっと知りたい！」とはかどるDIG。どんどんのめり込んでいきました。

今思ってみれば、幼いころから日本とアメリカを行き来し、どこかに属するということもなく、ある種「移民」のような一面を持っていた自分が、1970年代に移民たちが作ったHIP HOPに強く惹かれていったのは必然だったのかもしれません。日本の学校で「外人」（僕の最初のラッパーネームの由来でもあります）、「外の人」ということで文字通り余所者扱いされ、気持ちが沈んでいた自分に、「自分を誇れよ」と教えてくれたのは、親や学校の先生ではなく、逆境から這い上がる様を声高らかに語る MC、ラッパーたちでした。「お前はお前、周りの人がどう思うかなんて気にするな」と。

こうして、顔を隠して歩くようなそれまでの脇役人生は突然の終わりを迎えます。僕の中にあった弱さにつけ込んでいたいじめっ子を一度撃退すると、噂は学校でたちまち広まり、2度と近付いてくることはありませんでした。弱点と思っていた個性が逆に強みになることを教えてくれたHIP HOP。そのメッセージによって人生が動いたHIP HOPド素人だった中２の夏。今振り返るとあのターニングポイントからすべてが続いている気がします。

Express yourself!

Chapter 3

自分を英語で表現するための
ラップ講義

いよいよ最後のChapter。これまで練習した、発音、動詞、リズム感を総動員して、16小節の英語ラップに挑戦します。最初は難しい。でも続けることで必ずモノになります。これができればあなたのラップ力と英語力は段違い！
最後に、自分でLyricsを書くコツも紹介します！

16小節のラップに挑戦!

Beat by STUTS

ガイドあり ガイドなし

8 laws of language

241

Block A

Number 1 always continue to learn
Keep on rapping and absorb the words
Number 2 give up on thinking you're the best
Keep off of the backrest and keep up with the practice

Block B

Number 3 don't run away from mistakes
Study the process and get your head straight
Number 4 come up with your own style
Let yourself go wild like you're ready to die

Block C

Number 5 set up review sessions
Just like a confession look into your progression
Number 6 work on your knowledge of self
Look back and check your soft spots and strengths

Block D

Number 7 shoulda been Number 1 to me
Turn off the noise and set a goal that's clear
Number 8 if you fail choose to say "not yet"
Go ahead, no biggie, just don't stop there

※ピリオドを省略しています。

今まで学習してきた基本動詞を駆使した16小節のラップに挑戦！
このラップをうまく歌えるようになったら英語レベルは上級者！
難しいが、何度も何度もまねをして、リズムと発音を体にしみこませよう！

Block A

その1　常に学び続けよう
ラップし続けて、単語を吸収
その2　「自分が最高」をあきらめて
背もたれから離れ、鍛錬を続けよう

Block B

その3　過ちから逃げるな
過程を学び、クリアな思考で
その4　自分自身のスタイルを見つけて、
ワイルドに行こう、「死ぬ覚悟ができてる」みたいに

Block C

その5　見直しセッションを設定して
「告解」みたいに、自分の成果を詳しくチェックしよう
その6　自分を知ろうとしよう
振り返って、自分の長所と短所をチェックしよう

Block D

その7　これは「その1」であるべきだったけど
雑音に惑わされず、クリアなゴールを持とう
その8　失敗したら「まだ」って言葉を使おう
行こう、大丈夫だ、そこで止まらないで

CHECK THE LYRICS

The Notorious B.I.G.のクラシック "Ten Crack Commandments"を参考に英語学習の8か条をラップしたもの。Biggieの曲はクラック（＝コカイン）取引で成り上がった人物のストーリーを10か条にしてラップしたものだが、このラップは英語学習や、何か目標を立てて頑張っている人たちのためのアドバイスになっている。いままで培ったスキルを駆使して16小節をカッコよく決めてこの本を締めくくろう！

Block A

242

Number 1 always continue to learn
ナンバァワン オーウウェイズ コンティニュートゥラ～ン

Keep on rapping and absorb the words
キーポンレァピングエァンドアブゾーブザ ワ～ヅ

Number 2 give up on thinking you're the best
ナンバァトゥー ギヴァポンスィンキングユアァザベスト

Keep off of the backrest and keep up with the practice
キープオファヴザベアックレスト エァンドキーパップウィズザプレァクティス

学びの8か条、Number 1からスタート。continue to 〜で「〜し続ける」。／keep on -ingも同様に「〜し続ける」。 ➜P099 ／absorbは「〜を吸収する、〜を自分のものにする」。この文脈では、absorb the wordsで「単語を自分のものにする」こと。／give up on 〜で「〜をあきらめる」。 ➜P084 give up on thinking you're the bestは「自分が1番であると考えることをあきらめる」ということ。謙虚な思考が成功への1歩。／backrestは「背もたれ」。keep off of the backrestで「背もたれによっかからないで」という意味。物事に楽な道はない。／keep up with 〜で「〜についていく」「〜をがんばり続ける」。 ➜P100

Tips & Tricks!

1ライン目learnと2ライン目wordsでライミング。2ライン目のrapping and absorb the wordsは「レァピネンダブゾーブザ ワ～ヅ」のような感じ。4ライン目が詰まっていて、いきなり難しい。keep off of the backrestは極端に言うと「キーポファ(ヴ)ザベアックレス(ト)」。ちなみにbackrestはその後のpracticeと韻を踏んでいるが、3ライン目最後のbestとも踏んでいる。

Block B

🎧243

Number 3 don't run away from mistakes
ナンバァスリー ドウントラナウェイフラムミステイクス

Study the process and get your head straight
スタディザプラーセスエァンド ゲッチョァヘッドストレイト

Number 4 come up with your own style
ナンバァフォーァ カマップウィズユアァオウンスタイウ

Let yourself go wild like you're ready to die
レッチョアァセウフゴウワイウド ライキョアァレディトゥダイ

このブロックの趣旨は、学びの過程や思考について、また、自分のスタイルを築くことについて。／run away from ～で「～から逃げる」。➔P127／get your head straightは直訳すると「頭をまっすぐにする」という意味で、「パニックを起こさず、冷静に考える」という意味になる。／come up with ～は「～を思いつく」。➔P071 your own styleは「自分自身のスタイル」。／let yourself go wildは「let ～ 動詞の原形」の形➔P104で、「制御なく、ワイルドにふるまう」。／ready to die（死ぬ準備ができている）は、Notorious B.I.G.の1stアルバムのタイトルにかけている。

Tips & Tricks!

Block Aの最後のたたみかける感じから少し解放される。1～2ラインはmistakesとhead straightで脚韻。Study the process andは極端に言うと「スタディザプラセスン」のような感じ。3ライン目の最後own styleの後に、食い気味に4ライン目のLet yourself go wildが来るので、ここは一つながりのような意識で。own styleとgo wildでライムしている。最後のdieでも踏んでいる。

Block C

🎧244

Number 5 set up review sessions
ナンバァファーイヴ セトアップレヴューセッションズ

Just like a confession look into your progression
ヂャストライカコンフェション ルック イントゥーユアァプログレッション

Number 6 work on your knowledge of self
ナンバァスィクス ワ〜カンユアァナーリヂアヴセウフ

Look back and check your soft spots and strengths
ルックバックエアンドチェックユアァソーフトスパーッエァンドストレングスス

このブロックは自分を見なおす、自己認識を高めることがメインテーマになっている。／set up 〜は「〜を設定する」。→P132／review sessionsは「見直しの会、見直しセッション」。／confessionは「懺悔・告解」。／look into 〜で「〜を詳しく調べる」。→P107 look into your progressionで「進捗を確認する」ぐらいの意味。／knowledge of selfは「自己認識」。work on one's knowledge of selfで「自己認識に取り組む」。→P155／look backは「振り返る」。→P108／soft spots and strengthsは「短所と長所」「弱点と強み」。

Tips & Tricks!

だんだんと盛り上がってくるパート。1〜2ラインはreview sessions、confession、progressionという「ion」のライムの連打。うまく言えれば最高に気持ちいい場所。3ライン目の最後のknowledge of selfのselfを受けて、4ライン目はsoft spots、strengthsという「s」で始まる単語の頭韻をたたみかけている。頑張ってカッコよくキメたい。

Block D

245

Number 7 shoulda been Number 1 to me
ナンバァセヴンシュダビーンナンバァワントゥミー

Turn off the noise and set a goal that's clear
タ〜ノーフザノーイズエァンドセッタゴウゥゼァックリアァ

Number 8 if you fail choose to say "not yet"
ナンバァエイト イフユーフェイウチューズトゥセイナットイェト

Go ahead, no biggie, just don't stop there
ゴウアヘッド ノウビギ ヂャストドウントスタップゼア

ヒップホップ的サンプリングを多用した最後のブロック。最初のラインはNotorious B.I.G.の"Ten Crack Commandments"のパンチラインをもじったもの。shoulda been 〜はshould have been〜のくだけた形で、「〜のはずだった、〜べきだった」。／turn off the noiseは「ノイズを消す、切る」。➔P151 ／set a goal that's clearはgoalをthat以下が修飾している形。／if you failで「もし失敗したら」。not yetは「まだ〜ない」という意味。失敗しても「まだまだ」と言おう、ということ。／go aheadは「進む」。➔P088 ／no biggieは「大したことない」というイディオム。Notorious B.I.G.の愛称は「Biggie」。

Tips & Tricks!

1ライン目はBiggieオマージュ。最後のmeと2ライン目clearでライム。3ライン目と4ライン目の最後のnot yet、stop thereのマルチシラブルライムを明瞭に「ドヤ顔」で発音して、このラップを終えよう。ちなみに、この2つの言葉は4ライン目の頭のgo aheadとも「隠し韻」のような感じであいまいにライムしている。

Block A〜Dの練習が終わったら…

すべて通しでラップにトライ! 246

Special Lesson!

自分で英語ラップを書いてみよう!

Write your own lyrics!

まずは書き始めること！

ラップのリリック（lyrics）を書けるようになるコツは、「まずは書き始めること」です。自転車に乗るのと同じで、書けば書くほど簡単になります。リリックの肝は「韻と内容」（ライム&リーズン）。素晴らしいリリックが素晴らしいフロウでラップされたとき、初めて「クラシック」（名曲）となります。

歌詞を書くときの出発点はまちまちで、たとえば「walk」とライムする「talk」「hawk」「stalk」など、「韻先行」で広げていく方法があります。またはテーマを決めて「walk」から「travel far」「discover new places」「meet people」のようにストーリーを展開していくやり方などがあります。

さまざまな手法の中から何が自分に合っているかを見つけてほしいのですが、ここではベーシック中のベーシックなアプローチを紹介します。その前にヒップホップの曲の基本的な構成を知りましょう。

ヒップホップ・ラップの曲はドラムの拍4つ分（ドン・タン・ドン・タン）の1小節（bar）を1単位とし、それを4回繰り返した「4小節」を「1まとまり」と捉えます。その「1まとまり」ごとに歌詞が展開していくイメージです。それぞれ小節の最後の言葉で韻を踏むことを「脚韻」といい、4小節の最後に最もインパクトの大きいフレーズを配置することで、音楽のクライマックスと言葉のクライマックスが重なり相乗効果が生まれます。

例

I dreamt of being like you from the beginning.
I could never leave while you sailed the seven seas.
And this life sure can get lonely without you.
The cup is half empty even if half full.

▸訳
あなたのようになることを最初から夢見てた
俺はどこにも行けず、あなたは七つの海を渡ってた
あなたなしではこの人生はどれだけ寂しいだろうか
コップが半分満ちていても、半分空なのだ
（Medicine/ MEISO feat. E13 Prod. MAAHI）

それぞれの小節の最後のフレーズ・言葉を見てください。beginning/seven seas、without you/if half fullとなって最後の言葉がライムしています。最初の2行がAのライム、次の2行がBのライムになっているこの形をAABBの「ライムスキーム」と呼びます。4小節全部がもし「beginning」のライムでそろっていればAAAAのライムスキームとなります。AAAAとAABBのライムスキームが最も一般的な4小節の構成です。

このような4小節のまとまりを4つつなげた16小節がラップ曲の最も一般的な1ヴァース（verse：歌で言う「1番」「2番」のようなこと）の長さとなります。1ヴァースあった後にコーラス（サビ）が入り、また1ヴァース→コーラス、そして最後のヴァースとコーラス。さらにイントロとアウトロ部分が入りこれで3〜4分ほどの曲の出来上がりです。コーラスは通常4〜8小節です。

ヴァース1…16小節
コーラス（サビ）…4〜8小節
ヴァース2…16小節
コーラス（サビ）…4〜8小節
ヴァース3…16小節
コーラス（サビ）…4〜8小節

「テーマ決め」が重要

次に内容についてです。まず初心者におすすめなのは、論文を書くときと同じで、アウトラインを書くことです。このラップで何を伝えたいのかをクリアにして取りかかることで、ブレのないリリックを書くことができます。

アウトラインを書くには、まずテーマを決めましょう。ヒップホップの強みはどんなことでも歌にできるところ。よくあるテーマは「地元自慢」「仲間自慢」「スキル自慢」「金自慢」「貧乏自慢」「夢自慢」「社会問題」「パーティーチューン」などなど。たとえテーマがありきたりでも、語る人の実体験からにじみ出る言葉にオリジナリティが出ます。実体験をベースにすることでラップに個性が出て、そしてそれが人に感銘を与えるのです。

では試しに「地元自慢」をテーマに選んでみましょう。まず紙にテーマを書き、その下に最初の4小節、2つ目の4小節、3つ目の4小節および最後の4小節で伝えたいことを書いていきましょう。起承転結をつけられると説得力が出ます。

例

テーマ　Where I'm From（地元自慢）

1　Introduce my home town / 地元を紹介　（起）

2　Show what's great / 地元の優位性　（承）

3　Show the dark side too / 地元の少しイケてないところも　（転）

4　Why I still love my home town / それでも地元が好きな理由　（結）

以上でアウトラインが完成。誰にでも地元はあるし、地元についてなら他の人より語れることもあるはず。よく知っていることなら筆も進みやすいもの。最初は自分がよく知っていることをテーマに選ぶと良いでしょう。

次にアウトラインに沿ってそれぞれ1〜4を4小節ずつ書いていきます。ここで注意したいのが文章の長さ。1小節はドラム4拍分なので最初は1拍に1単語のイメージで書くとビートに乗せやすいでしょう。慣れてきたら徐々に各行の文字数を増やして詰め込み型のラップに挑戦してみましょう。

例

1　I represent Tokyo Kichijoji / 地元は　東京　吉祥寺

次にライム。まずは「脚韻」という、小節の最後で韻を踏むベーシックな形にトライ。例文では「Kichijoji」が最後にあるのでこれと踏めるライムを探します。文にする前にライムをとにかく考えてたくさん紙に書き出してみましょう。Kichijojiは母音がIIOIなのでOIに近いライムを探していきます。「boring」「story」「concrete」「hot streets」「talk's cheap」などなど思いつくままに書いて、伝えたい内容に合うものをチョイスしてみましょう。

例

1　I represent Tokyo Kichijoji / 地元は　東京　吉祥寺
City that never sleeps, where trees are concrete / コンクリの林　眠らない街

書き始めると次のステップが連想ゲームみたいにどんどん浮かんでくることがあります。アウトラインから多少外れても、最初は流れに任せて書いていきましょう。何を書いたらいいかわからなくなったらアウトラインに戻り、軌道修正。アイデアや知識が足りないならたとえばテーマについて調べる・人と話す・映画を見るなどしてインプット。インプットしたらとにかく書き出してみましょう。英語のライムに苦戦するならオンラインのライム辞典（rhyming dictionary)を使うのも手です。

「なんとか形にする」ことから始まります。まず4小節書けたらビートに乗せてラップしてみましょう。自分のラップはまず自分自身が好きになるように書くことが大事。自分が感動するヴァースが書けたら、人にもきっとその感動が伝わるはず。まずは最初のリスナーである自分の心を動かすことを目指しましょう！

TITLE

▼本書を通して学んだことをすべてぶつけよう！

Great job! Keep it up!

学校や職場で使える??

mini HIP HOP用語集

rhyme （名詞で）韻、ライム、（動詞で）韻を踏む

「ラップする」という意味も持つ。英米では小学生でもライムを意識した作詞を学ぶ。同じ構造を持つ言葉を文末に配置することでリズムを作るのが基本。

ex. They say nothing rhymes with orange.（「オレンジ」と韻を踏む言葉はないと言われている。）

lyrics （ラップなどの）歌詞

ラッパーの命であり最重要要素。経験、学び、考え、心のあり方すべてがリリック（lyrics）に反映される。社会的なメッセージ性の強いものから個人的経験に基づくものまでさまざま。

ex. He always has clever lyrics.（彼のリリックはいつもクレバー〔巧妙〕だ。）

flow ビートに乗せたラッパーの声の調子

ラッパーのアイデンティティ。紙に書いてある文字以上の力を言葉にもたらす声の響き、アクセント、うねり。詩と音楽を1つに融合するラップ独自の歌唱法。

ex. His flow is untouchable!（あいつのフロウにはケチのつけようがないよ！）

freestyle フリースタイル

あらかじめ書いておいたリリックや覚えているライムではなく、その場で即興のラップをすること。互いの言葉に集中するジャズセッション風や、詩的な独白など、ありかたは多様。

ex. That was written, not a freestyle!（あれはフリースタイルじゃない、書かれたリリックだ！）

verse ヴァース

コーラスに入るまでのパート。聖書や詩の一節を指すときにも使う。ヒップホップでは16小節（bars)で1ヴァース（verse）となるのがお約束の構成。上手いラッパーなら1ヴァースに起承転結を盛り込める。

ex. He had the sickest verse out of all of them.（全員の中であいつのヴァースが一番ヤバい。）

wack ダサい

wacky（馬鹿げた、滑稽な）やwacko（狂っている）から派生したスラング。もともとは、「突飛な人」を指す言葉として使われてきた。

ex. A wack flow is death to rap.（ダサいフロウはラップにとって致命的だ。）

dope ヤバい

もともとは「麻薬」という意味から派生したスラング。「カッコいい、良いね」を意味する。今では市民権を得ており、ディズニーの子ども向けドラマでも普通に使われるほど一般的なボキャブラリーに。

ex. His mom's hat was super dope.（あいつの母ちゃんのハットめちゃカッコ良かった。）

spit ラップを吐く

日本語ラップの金字塔、『証言』にも「マッハ超えて飛べ俺の唾」というパンチラインがあるが、唾はラップゲームにおいて「ラップすること」を意味する。ちなみにspitterには「高いレベルのラッパー」のニュアンスがある。

ex. Yo, are you ready to spit tonight?（今夜ラップする用意はできてんのか？）

fire アツい

ほぼdopeと同じ使い方が可能。SNSで火の絵文字があらゆる場面で役立つ「いいね」のシンボルになっているが、niceと同じく、なんでも褒めるのに使える万能ワード。

ex. That bar's pizza is fire!（あのバーのピザ、マジでアツい［美味い］よ！）

baller 勝ち組

見るからにリッチな人の呼称。場合によっては見た目だけのこともあるが、「見た目重視」なのがballer。バスケットボールなどの選手が羽振りの良い生活をする事から派生した。

ex. I wish I was a baller.（俺も勝ち組だったらよかったのに。）

beef けんか

夫婦げんかは犬も食わないと言うが、こちらはみんなが大好きなビーフ。ヒップホップスラングでは「揉め事」。ビーフがあると憶測が憶測を呼び、結果的に業界が盛り上がったりする。

ex. He's always got beef with someone.（あいつはいつも誰かと揉めてるよ。）

diss/dis 悪口

日本でもいろいろな場面で耳にするようになったdiss。もともとはdisrespect（無礼）だったのを短縮したスラング。MCバトルはdissの巧さを競い合う芸術ともいえる。

ex. Her diss started the beef.（彼女のディスからビーフが勃発した。）

homie 仲間

ラッパーは地元愛が強いことが多く、複雑な家庭環境で育った場合など、仲間が家族代わりとなるケースもある。仲の良い人を指す言葉でhomeboy、homegirlともいう。

ex. My homie from Tokyo is visiting.（東京の親友が遊びに来てるんだ。）

represent 代表する

常に何かを代表している意識を持っているのがラッパー。地元やクルー、世代、人種、レーベル、場合によってはヒップホップを代表し、その声となる。自己紹介的に「レペゼン〇〇」とラップすることも多い。

ex. I represent Japan when I go overseas.（海外に行くときは日本を代表してるよ。）

cypher サイファー

ラッパー、ビートボクサー、ブレイクダンサーが円になり即興で競演すること。また、そのコミュニティ。お互いのスタイルや発想をもとに連想ゲームのように展開する。バトルと違い勝ち負けはない。

ex. She used to spit at the local cypher.（彼女は昔、地元のサイファーでラップしてたよ。）

あとがき

ジャズが西洋の楽器（トランペット、ピアノなど）を使って作られた黒人の音楽だったように、ラップももともとは西洋の古い詩的書式を使って作られていました。"Rapper's Delight"などのオールドスクールのライムはまさにナーサリーライムやシェイクスピアと同じリズムとライムスキームです（気になる方は"Row, row, row your boat"をDJプレミアのビートに合わせて音読してみましょう）。しかしヒップホップはそこに制限されることはなく、そのバトンは多くの革命的なアーティストの手に渡り、今では無数の複雑なリリックの様式が存在しています。

その時代、国、地域、クルーにそれぞれのスタイルがあるし、自分に忠実であることを追求するヒップホップにおいては各MCがオリジナルを目指すのは当然のことですが、この本では、まず英語学習者にとって、「リピートしやすい」ということを重視し、あえてオールドスクール寄りのシンプルなライムスキームを基本的には採用しています。まずは英語でラップすることの楽しさを知っていただくことで、ラップの技術と英語の発話に慣れてもらいたいと考えたからです。読者の皆さんにとって本書が、「世界に広がるヒップホップ文化」とその精神に興味を持つきっかけになれば嬉しいです。

本書は企画、アイデア出し、編集、録音、などなどあらゆる面で常にサポートしてくれた水島潮さんのおかげで完成させることができました。素晴らしくDOPEなビートを提供してくれたSTUTSさん、EVISBEATSさん、DJ Mitsu the Beatsさん、Eccyさんの力により、サウンド面も唯一無二のものになりました。Chapter 1にはカン・アンドリュー・ハシモトさんのお力をお借りしました。また最後に、執筆やラップ録音の作業をいつも支えてくれている妻と娘たちにも感謝したいと思います。

MEISO

HIP HOP ENGLISH MASTER

ヒップホップ・イングリッシュ・マスター

ラップで上達する英語音読レッスン

執筆・ラップ	MEISO
執筆協力	カン・アンドリュー・ハシモト(Jailhousemusic)
ビート作成	Eccy、EVISBEATS、DJ Mitsu the Beats、STUTS
ブックデザイン	新井大輔　中島里夏(装幀新井)
イラスト	長澤拓(テリシマ プロダクション)
MEISO写真	Yukitaka Amemiya
校正・編集協力	上保匡代、高山春花、水島郁、宮崎史子、森田桂子、脇田聡、Joseph Tabolt, Kathryn A. Craft
ミックス・マスタリング	SHOGIN ENGINEERING
DTP	株式会社秀文社
印刷所	株式会社リーブルテック
企画・編集	水島潮